星云禅话

中国佛学经典宝藏

37

星云大师 著

星云大师总监修

人民东方出版传媒
东方出版社

图书在版编目（CIP）数据

星云禅话／星云大师 著. —北京：东方出版社，2015.5
（中国佛学经典宝藏）
ISBN 978-7-5060-8663-9

Ⅰ.①星… Ⅱ.①星… Ⅲ.①禅宗—通俗读物 Ⅳ.①B946.5-49

中国版本图书馆 CIP 数据核字（2015）第 267900 号

本书中文简体字版权由上海大觉文化传播有限公司独家授权出版
中文简体字版专有权属东方出版社

星云禅话

（XINGYUN CHANHUA）

作　　者：	星云大师
责任编辑：	夏旭东
出　　版：	东方出版社
发　　行：	人民东方出版传媒有限公司
地　　址：	北京市朝阳区西坝河北里 51 号
邮　　编：	100028
印　　刷：	北京市大兴县新魏印刷厂
版　　次：	2016 年 4 月第 1 版
印　　次：	2020 年 10 月第 3 次印刷
开　　本：	880 毫米×1230 毫米　1/32
印　　张：	9.375
字　　数：	118 千字
书　　号：	ISBN 978-7-5060-8663-9
定　　价：	43.00 元
发行电话：	（010）85924663　85924644　85924641

版权所有，违者必究
如有印装质量问题，我社负责调换，请拨打电话：（010）85924602　85924603

《中国佛学经典宝藏》
大陆简体字版编审委员会

主任委员：赖永海

委　　员：(以姓氏笔画为序)

王月清　王邦维　王志远　王雷泉

业露华　许剑秋　吴根友　陈永革

徐小跃　龚　隽　彭明哲　葛兆光

董　群　程恭让　鲁彼德　温金玉

潘少平　潘桂明　魏道儒

总序

星云

自读首楞严,从此不尝人间糟糠味;
认识华严经,方知已是佛法富贵人。

诚然,佛教三藏十二部经有如暗夜之灯炬、苦海之宝筏,为人生带来光明与幸福,古德这首诗偈可说一语道尽行者阅藏慕道、顶戴感恩的心情!可惜佛教经典因为卷帙浩瀚、古文艰涩,常使忙碌的现代人有义理远隔、望而生畏之憾,因此多少年来,我一直想编纂一套白话佛典,以使法雨均沾,普利十方。

一九九一年,这个心愿总算有了眉目。是年,佛光山在中国大陆广州市召开"白话佛经编纂会议",将该套丛书定名为《中国佛教经典宝藏》[①]。后来几经集思广

[①] 编者注:《中国佛教经典宝藏》丛书,大陆出版时改为《中国佛学经典宝藏》丛书。

益,大家决定其所呈现的风格应该具备下列四项要点:

一、启发思想:全套《中国佛教经典宝藏》共计百余册,依大乘、小乘、禅、净、密等性质编号排序,所选经典均具三点特色:

1. 历史意义的深远性
2. 中国文化的影响性
3. 人间佛教的理念性

二、通顺易懂:每册书均设有原典、注释、译文等单元,其中文句铺排力求流畅通顺,遣词用字力求深入浅出,期使读者能一目了然,契入妙谛。

三、文简意赅:以专章解析每部经的全貌,并且搜罗重要的章句,介绍该经的精神所在,俾使读者对每部经义都能透彻了解,并且免于以偏概全之谬误。

四、雅俗共赏:《中国佛教经典宝藏》虽是白话佛典,但亦兼具通俗文艺与学术价值,以达到雅俗共赏、三根普被的效果,所以每册书均以题解、源流、解说等章节,阐述经文的时代背景、影响价值及在佛教历史和思想演变上的地位角色。

兹值佛光山开山三十周年,诸方贤圣齐来庆祝,历经五载、集二百余人心血结晶的百余册《中国佛教经典宝藏》也于此时隆重推出,可谓意义非凡,论其成就,则有四点可与大家共同分享:

一、**佛教史上的开创之举**：民国以来的白话佛经翻译虽然很多，但都是法师或居士个人的开示讲稿或零星的研究心得，由于缺乏整体性的计划，读者也不易窥探佛法之堂奥。有鉴于此，《中国佛教经典宝藏》丛书突破窠臼，将古来经律论中之重要著作，做有系统的整理，为佛典翻译史写下新页！

二、**杰出学者的集体创作**：《中国佛教经典宝藏》丛书结合中国大陆北京、南京各地名校的百位教授、学者通力撰稿，其中博士学位者占百分之八十，其他均拥有硕士学位，在当今出版界各种读物中难得一见。

三、**两岸佛学的交流互动**：《中国佛教经典宝藏》撰述大部分由大陆饱学能文之教授负责，并搜录台湾教界大德和居士们的论著，借此衔接两岸佛学，使有互动的因缘。编审部分则由台湾和大陆学有专精之学者从事，不仅对中国大陆研究佛学风气具有带动启发之作用，对于台海两岸佛学交流更是帮助良多。

四、**白话佛典的精华集萃**：《中国佛教经典宝藏》将佛典里具有思想性、启发性、教育性、人间性的章节做重点式的集萃整理，有别于坊间一般"照本翻译"的白话佛典，使读者能充分享受"深入经藏，智慧如海"的法喜。

今《中国佛教经典宝藏》付梓在即，吾欣然为之作序,并借此感谢慈惠、依空等人百忙之中,指导编修;吉广舆等人奔走两岸,穿针引线;以及王志远、赖永海等大陆教授的辛勤撰述;刘国香、陈慧剑等台湾学者的周详审核;满济、永应等"宝藏小组"人员的汇编印行。他们的同心协力,使得这项伟大的事业得以不负众望,功竟圆成!

《中国佛教经典宝藏》虽说是大家精心擘划、全力以赴的巨作,但经义深邃,实难尽备;法海浩瀚,亦恐有遗珠之憾;加以时代之动乱,文化之激荡,学者教授于契合佛心,或有差距之处。凡此失漏必然甚多,星云谨以愚诚,祈求诸方大德不吝指正,是所至祷。

一九九六年五月十六日于佛光山

原版序
敲门处处有人应

《中国佛教经典宝藏》是佛光山继《佛光大藏经》之后，推展人间佛教的百册丛书，以将传统《大藏经》精华化、白话化、现代化为宗旨，力求佛经宝藏再现今世，以通俗亲切的面貌，温渥现代人的心灵。

佛光山开山三十年以来，家师星云上人致力推展人间佛教，不遗余力，各种文化、教育事业蓬勃创办，全世界弘法度化之道场应机兴建，蔚为中国现代佛教之新气象。这一套白话精华大藏经，亦是大师弘教传法的深心悲愿之一。从开始构想、擘划到广州会议落实，无不出自大师高瞻远瞩之眼光，从逐年组稿到编辑出版，幸赖大师无限关注支持，乃有这一套现代白话之大藏经问世。

这是一套多层次、多角度、全方位反映传统佛教文化的丛书，取其精华，舍其艰涩，希望既能将《大藏经》

深睿的奥义妙法再现今世，也能为现代人提供学佛求法的方便舟筏。我们祈望《中国佛教经典宝藏》具有四种功用：

一、是传统佛典的精华书

中国佛教典籍汗牛充栋，一套《大藏经》就有九千余卷，穷年皓首都研读不完，无从赈济现代人的枯槁心灵。《宝藏》希望是一滴浓缩的法水，既不失《大藏经》的法味，又能有稍浸即润的方便，所以选择了取精用弘的摘引方式，以舍弃庞杂的枝节。由于执笔学者各有不同的取舍角度，其间难免有所缺失，谨请十方仁者鉴谅。

二、是深入浅出的工具书

现代人离古愈远，愈缺乏解读古籍的能力，往往视《大藏经》为艰涩难懂之天书，明知其中有汪洋浩瀚之生命智慧，亦只能望洋兴叹，欲渡无舟。《宝藏》希望是一艘现代化的舟筏，以通俗浅显的白话文字，提供读者遨游佛法义海的工具。应邀执笔的学者虽然多具佛学素养，但大陆对白话写作之领会角度不同，表达方式与台湾有相当差距，造成编写过程中对深厚佛学素养与流畅白话语言不易兼顾的困扰，两全为难。

三、是学佛入门的指引书

佛教经典有八万四千法门，门门可以深入，门门是无限宽广的证悟途径，可惜缺乏大众化的入门导览，不易寻觅捷径。《宝藏》希望是一支指引方向的路标，协助十方大众深入经藏，从先贤的智慧中汲取养分，成就无上的人生福泽。

四、是解深入密的参考书

佛陀遗教不仅是亚洲人民的精神归依，也是世界众生的心灵宝藏。可惜经文古奥，缺乏现代化传播，一旦庞大经藏沦为学术研究之训诂工具，佛教如何能扎根于民间？如何普济僧俗两众？我们希望《宝藏》是百粒芥子，稍稍显现一些须弥山的法相，使读者由浅入深，略窥三昧法要。各书对经藏之解读诠释角度或有不足，我们开拓白话经藏的心意却是虔诚的，若能引领读者进一步深研三藏教理，则是我们的衷心微愿。

大陆版序一

《中国佛教经典宝藏》是一套对主要佛教经典进行精选、注译、经义阐释、源流梳理、学术价值分析,并把它们翻译成现代白话文的大型佛学丛书,成书于二十世纪九十年代,由台湾佛光文化事业有限公司出版,星云大师担任总监修,由大陆的杜继文、方立天以及台湾的星云大师、圣严法师等两岸百余位知名学者、法师共同编撰完成。十几年来,这套丛书在两岸的学术界和佛教界产生了巨大的影响,对研究、弘扬作为中国传统文化重要组成部分的佛教文化,推动两岸的文化学术交流发挥了十分重要的作用。

《中国佛学经典宝藏》则是《中国佛教经典宝藏》的简体字修订版。之所以要出版这套丛书,主要基于以下的考虑:

首先,佛教有三藏十二部经、八万四千法门,典籍浩瀚，博大精深，即便是专业研究者，穷其一生之精力，恐也难阅尽所有经典，因此之故，有"精选"之举。

其次，佛教源于印度，汉传佛教的经论多译自梵语；加之，代有译人，版本众多，或随音，或意译，同一经文，往往表述各异。究竟哪一种版本更契合读者根机？哪一个注疏对读者理解经论大意更有助益？编撰者除了标明所依据版本外，对各部经论之版本和注疏源流也进行了系统的梳理。

再次，佛典名相繁复，义理艰深，即便识得其文其字，文字背后的义理，诚非一望便知。为此，注译者特地对诸多冷僻文字和艰涩名相，进行了力所能及的注解和阐析，并把所选经文全部翻译成现代汉语。希望这些注译，能成为修习者得月之手指、渡河之舟楫。

最后，研习经论，旨在借教悟宗、识义得意。为了将其思想义理和现当代价值揭示出来，编撰者对各部经论的篇章品目、思想脉络、义理蕴涵、学术价值等所做的发掘和剖析，真可谓殚精竭虑、苦心孤诣！当然，佛理幽深，欲入其堂奥、得其真义，诚非易事！我们不敢奢求对于各部经论的解读都能鞭辟入里，字字珠玑，但希望能对读者的理解经义有所启迪！

习近平主席最近指出："佛教产生于古代印度，但传入中国后，经过长期演化，佛教同中国儒家文化和道家文化融合发展，最终形成了具有中国特色的佛教文化，给中国人的宗教信仰、哲学观念、文学艺术、礼仪习俗等留下了深刻影响。"如何去研究、传承和弘扬优秀佛教文化，是摆在我们面前的一个重要课题，人民东方出版传媒有限公司拟对繁体字版的《中国佛教经典宝藏》进行修订，并出版简体字版的《中国佛学经典宝藏》，随喜赞叹，寥寄数语，以叙因缘，是为序。

二〇一六年春于南京大学

大陆版序二

依空

　　身材高大、肤色白皙、擅长军事的亚利安人，在公元前四千五百多年从中亚攻入西北印度，把当地土著征服之后，为了彻底统治这里的人民，建立了牢不可破的种姓制度，创造了无数的神祇，主要有创造神梵天、破坏神湿婆、保护神毗婆奴。人们的祸福由梵天决定，为了取悦梵天大神，需要透过婆罗门来沟通，因为他们是从梵天的口舌之中生出，懂得梵天的语言——繁复深奥的梵文，婆罗门阶级是宗教祭祀师，负责教育，更掌控了神与人之间往来的话语权。四种姓中最重要的是刹帝利，举凡国家的政治、经济、军事、文化等等都由他们实际操作，属贵族阶级，由梵天的胸部生出。吠舍则是士农工商的平民百姓，由梵天的膝盖以上生出。首陀罗则是被踩在梵天脚下的土著。前三者可以轮回，纵然几世轮转都无法脱离原来种姓，称为再生族；首陀罗则连轮回的因缘都没有，为不生族，生生世世为首陀罗，子孙也倒霉跟着宿命，无法改变身份。相对于此，贱民比首陀罗更为卑微、低贱，连四种姓都无法跻身其中，只能从事挑粪、焚化尸体等最卑贱、龌龊的工作。

出身于高贵种姓释迦族的悉达多太子，为了打破种姓制度的桎梏，舍弃既有的优越族姓，主张一切众生皆平等，成正等觉，创立了佛教僧团。为了贯彻佛教的平等思想，佛陀不仅先度首陀罗身份的优婆离出家，后度释迦族的七王子，先入山门为师兄，树立僧团伦理制度。佛陀更严禁弟子们用贵族的语言——梵文宣讲佛法，而以人民容易理解的地方口语来演说法义，这就是巴利文经典的滥觞。佛陀认为真理不应该是属于少数贵族、知识分子的专利或装饰，而应该更贴近普罗大众，属于平民百姓共有共知。原来佛陀早就在推动佛法的普遍化、大众化、白话化的伟大工作。

佛教从西汉哀帝末年传入中国，历经东汉、魏晋南北朝、隋唐的漫长艰巨的译经过程，加上历代各宗派祖师的著作，积累了庞博浩瀚的汉传佛教典籍。这些经论义理深奥隐晦，加以书写的语言文字为千年以前的古汉文，增加现代人阅读的困难，只能望着汗牛充栋的三藏十二部扼腕慨叹，裹足不前。

如何让大众轻松深入佛法大海，直探佛陀本怀？佛光山开山宗长星云大师乃发起编纂《中国佛教经典宝藏》。一九九一年，先在大陆广州召开"白话佛经编纂会议"，订定一百本的经论种类、编写体例、字数等事项，礼聘中国社科院的王志远教授、南京大学的赖永海教授分别为中国大陆北方与南方的总联络人，邀请大陆各大学的佛教学者撰文，后来增加台湾部分的三十二本，是为一百三十二册的《中国佛教经典宝藏精选白话版》，于一九九七年，作为佛光山开山三十周年的献礼，隆重出版。

六七年间我个人参与最初的筹划，多次奔波往来于大陆与台湾，小心谨慎带回作者原稿，印刷出版、营销推广。看到它成为佛教徒家中的传家宝藏，有心了解佛学的莘莘学子的入门指南书，为星云大师监修此部宝藏的愿心深感赞叹，既上契佛陀"佛法不舍一众"的慈悲本怀，更下启人间佛教"普世益人"的平等精神。尤其可喜者，欣闻现大陆出版方东方出版社潘少平总裁、彭明哲副总编亲自担纲筹划，组织资深编辑精校精勘；更有旅美企业家鲁彼德先生事业有成之际，秉"十方来，十方去，共成十方事"之襟怀，促成简体字版《中国佛学经典宝藏》的刊行。今付梓在即，是为序，以表随喜祝贺之忱！

二〇一六年元月

目　录

星云禅话序　001

1　不肯承担　001
2　滴水和尚　003
3　途中珍重　005
4　佛今在何处　007
5　禅师的眼泪　009
6　不愧为侍者　011
7　瞬目视伊　013
8　我不是佛　015
9　我也有舌头　017
10　佛法无二般　019
11　不许为师　021
12　将军的忏悔　023
13　一切现成　025
14　覆船生死　027
15　成见不空　029

16 嫌什么 030

17 佛心是什么 032

18 真假妄语 034

19 击碎虚空骨 036

20 一无所求 038

21 贵耳贱目 040

22 怎可动心 042

23 默然无语 044

24 谁在井中 046

25 待客之道 048

26 珍惜现在 050

27 云门内外 052

28 割舍 054

29 善恶一心 056

30 自了汉 058

31 到地狱去 060

32 不留平常心 061

33 本空非有 063

34 一休吃蜜 065

35 是邪是正 067

36 莫轻园头 069

37 佛子天然 071

38 安住何处 073

39 一室六窗 075

40 穿衣吃饭 077

41 无响无闻 078

42 好事不如无事 080

43 我们的禅道 082

44 炷香增福 084

45 画饼充饥 086

46 圆融之道 088

47 方便示教 090

48 知恩报恩 092

49 打车打牛 094

50 一路顺风 096

51 方外之交 098

52 化人说法 100

53 听与不听 102

54 每天吃什么 104

55 粥与茶 106

56 狗子佛性 108

57 要眼珠 110

58 不在别处 112

59 不能代替 114

60　因缘所成　116

61　什么冤仇　118

62　无言句　120

63　深不可测　122

64　肯定自己　124

65　从心流出　126

66　无情说法　128

67　一片菜叶　130

68　求人不如求己　132

69　谁去主持　134

70　三件古董　136

71　真正的自己　138

72　地狱与极乐　140

73　虔诚的心　142

74　像牛粪　144

75　三种病人　146

76　银货两讫　148

77　不能代替　150

78　未到曹溪亦不失　152

79　蝇子投窗　154

80　何法示人　156

81　吃饭睡觉　158

82　十事开示　160

83　悟与不悟　162

84　一坐四十年　164

85　十后悔　166

86　大小不二　168

87　快活烈汉　170

88　雪霁便行　172

89　我是侍者　174

90　国师与皇帝　176

91　虚空眨眼　178

92　有我在　180

93　参禅法器　182

94　不着相　184

95　活水龙　186

96　百年一梦　188

97　到了龙潭　190

98　禅非所知　192

99　割耳救雉　194

100　除却心头火　196

101　不如小丑　198

102　茶饭禅　200

103　人的声气　202

104 浮生梦中 204

105 一杯茶 206

106 敬钟如佛 208

107 比自己优秀 210

108 本来面目 212

109 不复再画 214

110 身心自在 216

111 锁虚空 218

112 鸟窠与白居易 220

113 真心不昧 222

114 你就是佛 224

115 情与无情 226

116 金箔布施 229

117 不病的体 231

118 不给人怀疑 233

119 净秽一如 235

120 不缺盐酱 237

121 青梅子 239

122 咸淡有味 242

123 师家掇槌 244

124 断指求法 246

125 责骂与慈悲 248

126　去了依赖性　251

127　卧如来　253

128　天生暴躁　255

129　洗碗扫地　257

130　荣枯一如　259

131　不曾空过　261

132　茶道　263

星云禅话序

在我们的家庭里,整理得窗明几净、舒适美奂的客厅,如果能摆设一盆淡雅香洁的鲜花,整个客厅将显得生机盎然;在洁白宽大的墙上,如果悬挂一幅烟岚云岭的山水国画,整个山河大地仿佛拥怀在抱;一盘色香俱佳的菜肴里,如果加点调味品,就更可口美味了。禅,就像茶几上的那盆花,墙上的那幅画,菜肴中的调味品。在我们的生活里,如果能加上一点禅味、禅趣、禅机,人生的情况就别有意境了,正是"平常一样窗前月,才有梅花便不同"。

生活在忙碌、紧张、动荡、纷乱的今日社会,必须寻找一股安定我们浮躁心灵的力量。禅,无疑是祛除我们心中焦虑疑惧的力量;禅,是安住我们身心的一剂清凉散。禅的里面有智慧,禅的里面有幽默,禅的里面有慈悲。禅可以把我们的妄想烦恼止于无形,一句难堪的言语,一个尴尬的动作,不忍回想的前尘往事,在禅的洒脱、幽默、勘破、逍遥之中,一切都如春波无痕,烟消云散。禅,是一种艺术的生活;禅,更是一种圆融的生命,自然天成的本来面目。如此美妙的禅,不只属于寺院所有,也不仅仅是出家人所独享。禅,应该属于我们每一个人、每一个家庭;人人的生活里,都需要禅的智慧、自在、率性与逍遥。

几年来,我曾在海内外各地应信徒的要求,随缘开示禅的密意,更在台湾电视公司讲说过禅的精华宝典——《六祖坛经》。节目播出以来,各方对于禅的需渴反应,如雪花般纷飞而来。于是有新闻晚报副刊邀请我,每日为它撰写一则禅的公案,题名"星云禅话",时间达一年之久,总共完成了三百多篇文稿,美国与泰国的世界日报,也一并刊登。更有人建议将"禅话"搬上荧幕,让更多的人在繁忙之余,也能享受禅的随缘放旷、任性逍遥。于是经"爱心"节目制作人周志敏居士的精心筹划,《星云禅话》终于在一九八六年四月和观众正式见面,迄今已经录制了二百多集。

自从"星云禅话"在报纸刊载以来,有许多读者和信徒纷纷来函,希望佛光出版社能将"禅话"编纂成书,如同我历年来在各地的演讲开示集录一般,一集一集地广为流传，让更广大的大众，能够透过文字般若，随时随地体悟禅的无上妙味。我为了践履自己一向"给人信心、给人欢喜、给人希望、给人方便"的信念原则，应多方要求，才慨允佛光出版社的出书计划。与本书同时，台视公司也应观众的需要，要我将已播出的"星云禅话"节目出版成书，并且发行录像带，把禅的密意带入每个人的家庭里，落实于生活之中。

  台视公司、佛光出版社所出这两套《星云禅话》的内容虽然同中有异，异中有同，可以说是二而一、一而二。只是此二书都是我从佛光山住持退位以来，奔走于国内外弘法布教的忙碌之中，夜以继日撰写、录制而成。由于过分匆促，挂一漏万，未臻尽善尽美之处在所难免，将来《禅话》还要继续编纂、录制下去，希望能将不妥的地方改正过来。好在禅本来就是不立文字，意在言外，希望各位读者能够在言语道断之中，品味禅的深深妙用、弦外之音。

  是为序。

一九八七年九月星云于佛光山

1　不肯承担

利踪禅师有一次在深夜里，站在僧堂前大叫道："有贼！有贼！"

叫声惊动了堂内的大众，这时，刚好有一位学僧从堂内跑出来，利踪禅师就一把抓住他道："纠察师父！我抓住贼了。"

学僧推拒道："禅师！你弄错了，不是贼，是我！"

利踪不放手，大声道："是就是，为什么不肯承担？"

学僧惊吓得不知如何是好，利踪禅师说偈道：

三十年来西子湖，二时斋粥气力粗；
无事上山行一转，借问时人会也无？

有道是"擒山中之贼易，捉心内之贼难"，一个人在日常生活中，常用眼、耳、鼻、舌、身、意等六根，向外执取色、声、香、味、触、法等六尘欲乐，引生种种烦恼痛苦。三十年的修行，每日的二时粥饭，都只为了降伏心中的盗贼，能够如此领会，上山一转，心贼一捉，佛法就在此当下了！

利踪禅师对禅者的一番考验，实在是禅师的大机大用。

六根门头尽是贼，昼夜六时外徘徊；
无事上街逛一趟，惹出是非却问谁？

昼夜二十四小时，如何守护我们六根的门户，不使它蠢动妄为，是修禅不可忽视的功课。

2　滴水和尚

仪山禅师有一天在洗澡的时候，因为水太热，就招呼弟子提桶冷水来加，有一个弟子奉命提了水来，将热水加凉了，便顺手把剩下的水倒掉。

禅师不悦地说道："你怎么如此浪费？世间上不管任何事物都有它的用处，只是大小价值不同而已。你那么轻易地将剩下的水倒掉，就是一滴水，如果把它浇到花草树木上，不仅花草树木喜欢，水本身也不失去它的价值，为什么要白白地浪费呢？虽然是一滴水，但是价值无限的大。"

弟子听后若有所悟，于是将自己的法名改为"滴水"，这就是后来非常受人尊重的"滴水和尚"。

滴水和尚后来弘法传道，有人问他："请问世间上什么功德最大？"

"滴水!"滴水和尚回答。

"虚空包容万物,什么可包容虚空?"

"滴水!"

滴水和尚从此把心和滴水融在一起,心包太虚,一滴水中也有无尽的时空了。

人在世间,福报有多少?这是有数量的,莫以为自己万贯家财,若福报享尽,仍会一无所有。一个人该有多少金钱、多少爱情、多少福寿、多少享用,等于银行存款,浪费开支,终有尽时,故节用惜福,虽是滴水,皆不废弃,滴水虽微,大海亦是由滴水所成。

3　途中珍重

灵训禅师在庐山归宗寺参学时,有一天动念想下山,因此向归宗禅师辞行,禅师问道:"你要到哪里去?"

灵训照实回答:"回岭中去。"

归宗禅师慈悲关怀道:"你在此参学十三年,今天要走,我应该为你说些佛法心要,等你行李整理好,再来找我一下。"

灵训禅师将整理好的行李先放在门外,就持具去见归宗禅师。

归宗禅师招呼道:"到我前面来!"灵训依言走近。

归宗轻轻说道:"天气严寒,途中善自珍重。"灵训禅师语下,顿然彻悟。

归宗禅师的"佛法心要"是什么?慈悲心、菩提心、般若心,总之一句,就是禅心。

修学佛法未成而退,这是对自己本分事放弃责任。一句"天气严寒"的关怀,别人都这么关心自己,而自己却不关心自己。一句"途中善自珍重"的勉励,终于使灵训回到家门,认识自我!

　　禅,有时说尽了千经万论,禅的边还没有摸到;有时只轻描淡写的一句话,一个动作,却彻骨彻髓地认识自家本来面目。归宗禅师的慈悲关怀,那也是由于十三年的照拂;灵训的彻悟,那也是因为机缘成熟。"饭未煮熟,不要妄自一开;蛋未孵熟,不要妄自一啄",实不虚假。

4 佛今在何处

唐顺宗有一次问佛光如满禅师道:"佛从何方来?灭向何方去?既言常住世,佛今在何处?"

如满禅师答道:"佛从无为来,灭向无为去,法身等虚空,常住无心处。有念归无念,有住归无住。来为众生来,去为众生去。清净真如海,湛然体常住。智者善思惟,更勿生疑虑!"

顺宗皇帝不以为然,再问:"佛向王宫生,灭向双林灭,住世四十九,又言无法说。山河与大海,天地及日月,时至皆归尽,谁言不生灭?疑情犹若斯,智者善分别。"

如满禅师进一步解释道:"佛体本无为,迷情妄分别,法身等虚空,未曾有生灭。有缘佛出世,无缘佛入灭,处处化众生,犹如水中月。非常亦非断,非生亦非灭,生亦未曾生,灭亦未曾灭。了见无心处,自然无法说。"

顺宗皇帝听后非常欣悦,对禅师益加尊重。

有人常常问道:阿弥陀佛在西方净土,药师佛在东方世界,那么释迦牟尼佛现在又在哪儿呢?其实释迦牟尼佛正在常寂光土,而常寂光土又在哪儿呢?

这种问题,经禅者答来,就非常活泼,因为有心,看到的是生灭的世界,那是佛的应身;无心,看到的是不生不灭的世界,那才是佛的法身。无心就是禅心,唯有用禅心,才知道佛陀真正在哪里。

"有缘佛出世,无缘佛入灭",灭不是生灭的灭,灭是涅槃境界。在常寂光土则灭除一切烦恼、差别、对待,是绝对解脱快乐的寂灭世界。

5　禅师的眼泪

空也禅师有一次出外弘法时,经过一条山路,突然窜出很多土匪,拿着刀剑向他索取"买路钱"。空也禅师看了以后,不觉掉下眼泪,土匪一看空也禅师落泪,哈哈大笑说道:

"这么一个胆小的出家人。"

空也禅师说道:"你们不要以为我流泪是怕你们,生死我早就置之度外了。我只是想到你们这些年轻力壮的人,有力气而不为社会工作,为人服务,却每天在此打家劫舍,我想到你们所犯的罪过,固然为国家的法律、社会的道德所不容,将来还要堕入地狱去受三涂之苦,因此为你们着急而流下了眼泪!"

强盗们听了,终于抛弃贪欲嗔恨的心,而皈依在空也禅师的座下。

眼泪,有悲伤的眼泪,有欢喜的眼泪,有感动的眼泪,更有慈悲的眼泪。空也禅师的眼泪,就是慈悲的眼泪。慈悲的眼泪从慈悲的禅心中流出,就是强盗土匪,在慈悲的眼泪之前,也会熄下嗔恨的邪念。有禅心的人们,不用心灰意懒,以慈悲的心、慈悲的眼泪,来洗尽世间的罪业吧!

6　不愧为侍者

石梯禅师有一次看到侍者拿着钵，往斋堂方向走去，就唤住道："你到什么地方去呀？"

侍者回答道："到斋堂去！"

石梯禅师不以为然，申斥道："看你手拿钵，我怎么不知道你要到斋堂去？"

侍者反问道："禅师既然知道，那么又为什么要我回答呢？"

石梯说出主题："我是问你的本分事。"

侍者庄重地回答道："禅师若问我的本分事，那么我实在是要到斋堂去。"

石梯拍掌赞叹道："你实在不愧为我的侍者！"

什么是"本分事"？是明心见性的事，是了脱生死的事，是回到本家的事。本分事，是认清本性、安住身心、慈悲忍耐、发心作务的禅风。禅者的生活中，无处不是禅，吃饭是禅，睡觉是禅，行住坐卧，搬柴运水，无事不禅。禅，不仅包含了生活，更包含了宇宙所有。所以，我们能将做人的本分做好，将事做好，是自己的不去推辞，不是自己的不去妄求，那就是本分事，也就是禅心了。

7　瞬目视伊

仰山禅师带着试探的语气问智闲禅师道:"师弟!你最近参禅的心得如何?"

香严智闲就用偈语回答道:"去年贫,未是贫;今年贫,始是贫。去年贫,犹有立锥之地;今年贫,立锥之地也无。"

仰山听了说:"师弟!我承认你深契如来禅,至于祖师禅,你还没有入门呢。"

于是,香严又作了一首偈语道:

> 我有一机,瞬目视伊;
> 若人不会,别唤沙弥。

听了这首偈语后,仰山非常高兴,便去报告老师沩山禅师道:"真令人兴奋,师弟已悟入祖师禅了。"

智闲禅师和仰山禅师同为百丈禅师的弟子。唐代，自六祖惠能以后，禅宗起了很大的变化。先是有马祖道一禅师创建丛林，接待十方禅者，倡导集体修行；继有百丈怀海禅师设立清规，以新的立法安住大众。门人弟子互相发扬，排除知解的分别，主张不立文字，探究心源，提倡即心即佛，以平常心为道，棒喝的机用，接化的简速，遂成为中国祖师禅的特质，而印度静态的如来禅，经过中国禅师的阐扬，更加活跃而成为动态的祖师禅了。

智闲禅师的偈语，"贫无立锥之地"，这就是不着一物的如来禅，即至说到"瞬目视伊"，这就是活泼的扬眉瞬目无非是禅的祖师禅了。

8　我不是佛

有一秀才,住在寺中读书,自觉聪明,常以禅机和赵州禅师论辩,有一天问禅师道:

"佛陀慈悲,普度众生时总恒顺他的心愿,不违众生所求,不知是不是如此?"

赵州禅师回答说:"是的!"

秀才又说:"我很想要禅师您手中那根拄杖,不知是否可以满愿得到?"

赵州一口拒绝说:"君子不夺人所好的道理,你懂吗?"

秀才机辩道:"我不是君子。"

赵州当头大喝说:"我也不是佛。"

秀才虽然无以为对,却不认输。有一天,秀才坐禅时,赵州禅师从他身旁经过,他看看禅师,并不理睬,赵州禅师责问道：

"青年人见到长者，怎么不站起来行礼迎接？"

秀才学着禅师说道：

"我坐着迎接你，就如同站起来迎接你。"

赵州禅师听后，忽然上前打了秀才一个巴掌，秀才大怒，责问赵州禅师道："你为什么打我？"

赵州禅师温和地说道："我打你就如同不打你！"

秀才是知识分子，禅师是体悟真理的圣者，知识分子不是体悟真理的圣者的对手，尤其是赵州禅师，他的禅风活泼捷巧，干净利落，随便一言，使你无法招架，赵州不是悭吝不给拄杖，只是不喜欢秀才强词夺理讨杖的方法罢了。尤其给秀才一掌："我打你就如同不打你！"这就是给只学禅而不悟禅者的训诫了。

9　我也有舌头

广慧元琏禅师初学道的时候，依止在真觉禅师的座下参禅，白天负责厨房典座的工作，晚上则以诵经作为修行的功课。一日，真觉禅师问他道："你看什么经？"

元琏回答道："《维摩经》。"

真觉再进一步问道："经在这里，维摩居士在哪里？"

元琏茫然不知如何回答，深愧自己所知有限，反问真觉禅师："维摩在哪里？"

真觉回答道："我知道也好，不知道也好，就是不能告诉你！"

元琏觉得非常惭愧，就辞别真觉禅师到处云游行脚，亲近的善知识多达五十人以上，但是仍然不能契悟。一日，去参访河南首山省念禅师："学人亲到宝山，空手回去之时如何？"

首山禅师道:"拾取自家宝藏!"

元琏当下大悟,说道:"我不怀疑禅师们的舌头。"

首山问:"为什么呢?"

元琏回答:"我也有舌头。"

首山很高兴地说:"你已经了悟禅的心要了。"

　　舌头人人都有,但真正懂得舌头妙用的不多。舌头会说话,一言以兴邦,一言以丧邦,这就是看会不会运用舌头。有人以舌头做功德,有人以舌头造罪业;有人舌灿莲花,有人嚼舌根子。禅师的舌头,大众能领会吗?

10　佛法无二般

韩愈韩文公因谏迎佛骨表,被贬潮州,因当地文化落后,无人论学谈心,不得已,有一次去参访大颠宝通禅师,问道:"禅师春秋多少?"

宝通禅师提起手中念珠道:"会吗?"

韩愈答道:"不会。"

宝通补充一句:"昼夜一百八。"

韩愈仍不知其意,因为无法对谈,不得不回去,后来越想越放不下,为什么一个和尚的对话,自己会听不懂?第二天再来时,在门前碰到首座,便请示首座,昨天与宝通禅师之对话,意旨如何?

首座听完后,便叩齿三下,韩愈更是茫然不解。

韩愈到法堂内见到宝通禅师,再重问道:"禅师春秋多少?"

宝通禅师亦叩齿三下。

韩愈忽然像明白了什么，说道："原来佛法无二般。"

宝通禅师问道："为什么？"

韩愈答道："刚才首座的回答，也跟禅师一样。"

宝通禅师像自语似的道："佛儒之道无二般，我和你也是一样。"

韩愈终于有省，后皈归依大颠禅师，执弟子礼。

韩愈问春秋多少，其实人生岁月何用挂心，要紧的是人天合一，心佛不二，所谓道的大统，儒也佛也，一以贯之也。是故禅师以手珠示意，佛儒一统也，及昼夜一百八，意指岁月无多，莫为佛儒争论，佛道儒道，共襄携手可也。

11 不许为师

兜率从悦禅师,参访密行的清素禅师,非常礼敬,有一次因食荔枝,经过清素禅师的窗口,就很恭敬地说道:"长老!这是家乡江西来的水果,请您吃几个。"

清素很欢喜地接过荔枝,感慨地说道:"自从先师圆寂后,不得此食已久了!"

从悦问道:"长老先师是何大德?"

清素答道:"慈明禅师,我在他座下忝为职事一十三年。"

从悦禅师非常惊讶地赞叹道:"十三年堪忍职事之役,非得其道而何?"说后,便将手上的荔枝全部供养给清素长老。

清素即以感激的态度说道:"我因福薄,先师授记,不许传人,今看你如此虔诚,为此荔枝之缘,竟违先师之记,将你的心得告诉我!"

从悦禅师具道所见。

清素开示道:"世界是佛魔共有的,最后放下时,要能入佛,不能入魔。"

从悦禅师得到印可以后,清素禅师教诫道:"我今为你点破,让你得大自在,但切不可说是承嗣我的。真净克文才是你的老师。"

"要学佛道,先结人缘",荔枝有缘,即能悟道。"佛法在恭敬中求",从悦对前辈的恭敬,恭敬中就能得道。古人一饭之恩,终生不忘,如清素禅师,一荔之赐,竟肯道破心眼,此乃感恩有缘也。"不可嗣我,当可嗣真净克文禅师",师资相助相信,亦禅门之美谈也。

12　将军的忏悔

梦窗国师有一次搭船渡河，当船正要开航离岸时，有位带着佩刀拿着鞭子的将军，大喊道："等一下，船夫！载我过去。"

全船的人都说道："船已开行，不可回头。"

船夫也大声回答道："请等下一班吧！"

这时，梦窗国师说道："船家！船离岸未多远，给他方便，回头载他吧！"

船夫看到是一位出家师父讲话，因此就把船开回头让那位将军上船。将军上船以后，刚好站在梦窗国师的身边，拿起鞭子就抽打梦窗国师一下，嘴里还骂道："和尚！走开点，把座位让给我。"

这一鞭打在梦窗国师头上，鲜红的血汩汩地流下，国师不发一言就把位子让出，大家看了都非常害怕，不敢大声讲话，都窃窃私语，说禅师要船载他，他还打他。将军已知道刚才的情况，但仍不好意思认错。

船到对岸，梦窗国师跟着大家下船，走到水边默默地、静静地把脸上的血洗掉，这位蛮横的将军终于觉得对不起梦窗国师，上前跪在水边对国师忏悔道："禅师！对不起！"

梦窗国师心平气和地说："不要紧，出外的人心情总是不太好。"

世间上什么力量最大？忍辱的力量最大。佛说："修道人不能忍受毁谤、恶骂、讥讽如饮甘露者，不名为有力大人。"世间上的拳头刀枪，使人畏惧，不能服人，唯有忍辱才能感化顽强。诸葛亮七擒孟获，廉颇向蔺相如负荆请罪，此皆忍辱所化也。

13　一切现成

浙江的法眼文益禅师往闽南参访时，行脚途中遇雪，就暂在地藏院中借住，因为风雪多日，与院主桂琛禅师相谈甚契，雪停后，文益辞别桂琛禅师，拟继续行脚。桂琛想送法眼一程，两人走到山门外时，桂琛禅师指着路边一块大石头问道：

"大德常说三界唯心，万法唯识，不知道这一块石头在你心内或心外？"

法眼文益毫不犹豫地回答道："依唯识学讲，心外无法，当然是在心内。"

桂琛禅师抓住了话柄，就问道："你不是在行脚云游吗？为什么要放一块石头在心内？"

法眼文益瞠目结舌，不知如何回答，因此就决定留下来解开这个谜团。法眼在地藏院中的岁月，每天都向桂琛禅师呈上自己的见解，但桂琛禅师总认为法眼的见解不够透彻。有一天，桂琛禅师就对他说道："佛法不是这样子的！"

法眼不得已，再从另一个角度报告自己的心得，桂琛禅师仍然否定说："佛法不是这样子的！"

法眼经过多次呈报，均不蒙桂琛印可，只得叹道："我已经词穷意尽了！"

桂琛禅师听后，补充一句道："若论佛法，一切现成。"

在这句言下，法眼文益禅师大悟，后开法眼宗，门徒千余，得法者八十三人。

在佛法里，所谓马上长角，头上安头，总是多余的事；"若论佛法，一切现成"，是多么美妙的境界。吾人心上负担岂止一块石头，所谓金钱、名位、爱情、生活等，已经压得喘不过气，还有那是非得失、荣辱、苦乐等，更是奇重无比。如果明白一切现成，何用劳烦于唯心与唯识？

14　覆船生死

有位学僧去参拜雪峰禅师,雪峰禅师问他道:"从哪里来?"

学僧回答道:"我从覆船禅师那边来。"

雪峰禅师故意幽他一默道:"生死之海还没有渡过去,你为什么先要覆船呢?"

这个学僧不了解雪峰禅师的意思,便回去把经过告诉覆船禅师。覆船禅师对这个学僧说道:"你真愚笨,为什么不说我已超越生死苦海所以才覆船呢?"

于是这位学僧又回到雪峰禅师的地方来,雪峰禅师又问道:"既已覆船,还来做什么?"

学僧胸有成竹地说道:"因为既已超越生死,还不覆船做什么?"

雪峰听后,就不客气地说道:"这句话是你老师教的,不是你说的，我这里有二十棒请你转给你的老师覆船，告诉他，另外还有二十棒，就留给我自己吃，这一切与你无关。"

雪峰禅师给覆船和尚二十棒，自己也甘愿挨二十棒，这个公案至为明显：禅，应该无言说教，所谓言语道断，不应在语言上传来传去，两个人都卖弄了禅，所以各挨二十棒！这不关学僧的事，学僧还不够资格挨二十棒哩！

15　成见不空

有位学者,特至南隐禅师处请示什么叫作"禅"。

禅师以茶水招待,并在茶倒满杯子时,并未停止,仍又继续地注入。眼看茶水不停地一直往外溢,学者实在忍不住,就说道:"禅师!茶已经溢出来了,请不要再倒了。"

"你就像这只杯子一样!"南隐禅师说道,"你心中满是学者的看法与想法,如不事先将自己心中的杯子空掉,叫我如何对你说禅?"

自满、傲慢、一直怀着成见的人,就算天降甘露,也无法流入他的心中。

器皿要装入真理的法水,一要空而无物,二要清洁无染,否则即使再好的饮料,也会变质。

16　嫌什么

龙牙山的居遁禅师,为求大彻大悟,就诚诚恳恳地到终南山翠微禅师处参禅,一住多月,均未蒙翠微禅师召见开示,有一天,鼓起勇气,走进法堂问道:"学僧自到禅师座下参学以来,殿堂随众,进进出出,不蒙开示一法,不知为什么?"

翠微禅师不在意地反问道:"嫌什么?"

居遁因得不到要领,只好告别翠微禅师,前往德山亲近宣鉴禅师,又经多日,请示宣鉴禅师道:"学人早就心仪德山的一句佛法,但我已来了多日,事实上身在此处却得不到禅师一句佛法。"

宣鉴禅师好像和翠微禅师约好的一样,回答道:"嫌什么?"

此二位宗师所答均不谋而合,居遁不得已又转往洞山良价禅师处参学。一日,问道:"佛法紧要处,乞师一言。"

良价禅师就直截了当地告诉他道:"等洞水逆流的时候,再向你说。"

龙牙居遁禅师于此言下大悟。

用疑心参禅,用体会参禅,用问道参禅,其实终不及用平常心参禅。吾人在世间生活,其实均在颠倒矛盾妄想之中,所谓随生死之流而不息也,如能明白洞水逆流,那即是平常心显现,千疑万问,终不及一颗平常心耳。

17　佛心是什么

　　慧忠禅师有一次问紫璘供奉（僧官职称）道："供奉学佛多年，'佛'是何义？"

　　紫璘不假思索，随口回答道："佛者，是觉悟之义。"

　　慧忠禅师进一步问道："佛会迷吗？"

　　紫璘不以为然，忍耐着反问慧忠禅师："已经成佛，怎会迷呢？"

　　"既然不迷，觉悟做什么呢？"

　　慧忠禅师的反诘，紫璘供奉无语可对。

　　又有一次，供奉在注解《思益梵天所问经》，慧忠禅师就说道："注解经典者，必须要能契会佛心，所谓上契诸佛之理，下契众生之机，才能胜任。"

　　紫璘不悦地答道："你说得不错，否则我怎么会下笔呢？"

慧忠禅师听后，就要侍者盛一碗水，水中放七粒米，碗面放一双筷子。问紫璘供奉这是什么意思，紫璘茫然不知，无语可对。

慧忠禅师终于不客气地训诫道："你连我的意思都看不懂，怎么说已经契会佛心呢？"

慧忠禅师的水米碗筷，已经说明，佛法者不离生活也，离开生活，则要佛法何用？紫璘供奉远离生活注解佛经，则离佛心远矣。

六祖大师云："佛法在世间，不离世间觉，离世求菩提，犹如觅兔角。"希望参禅论道者，莫离"世间、人生、生活、本心"之外，另有所谈论也。

18　真假妄语

道光禅师有一次问大珠慧海禅师道："禅师！您平常用功，是用何心修道？"

大珠："老僧无心可用，无道可修。"

道光："既然无心可用，无道可修，为什么每天要聚众劝人参禅修道？"

大珠："老僧我上无片瓦，下无立锥之地，哪有什么地方可以聚众？"

道光："事实上你每天聚众论道，难道这不是说法度众？"

大珠："请你不要冤枉我，我连话都不会说，如何论道？我连一个人也没有看到，你怎可说我度众呢？"

道光："禅师！您这可打妄语了。"

大珠："老僧连舌头都没有，如何妄语？"

道光："难道器世间，有情世间，你和我的存在，还有参禅说法的事实，都是假的吗？"

　　大珠："都是真的！"

　　道光："既是真的，你为什么都要否定呢？"

　　大珠："假的，要否定；真的，也要否定！"

　　道光终于言下大悟。

　　说到真理，有时要从肯定上去认识，但有时也可从否定上去认识。如《般若心经》云："色即是空，空即是色，受想行识，亦复如是。"这就是从肯定中认识人生和世间的。《般若心经》又云："无眼耳鼻舌身意，无色声香味触法。"这就是从否定中认识人生和世间的。大珠慧海禅师否定一切名句文身，不是妄语，因为否定一切，才是肯定一切。

19　击碎虚空骨

梦窗国师年少时，千里迢迢地到京都一山禅师处参学，有一天，至方丈室请示道："弟子大事未明，请师直指。"

一山禅师严峻地回答："我宗无言句，亦无一法与人。"

梦窗再三恳求道："请和尚慈悲方便。"

一山更威严地道："我无方便，亦无慈悲。"

如此多次仍得不到一山禅师的开示，梦窗心想：既然与禅师无缘，长此下去也无法开悟。于是忍泪辞去一山门下，往镰仓的万寿寺叩参佛国禅师，在佛国禅师座下却遭到更无情的痛棒，这对殷殷求道的梦窗，实是一大打击，终于他伤心地对佛国禅师发誓道："弟子若不到大休歇之地，决不复归见禅师。"便辞去了佛国禅师，夜以继日专与大自然界做静默的回答。一日,坐庭前树下,心中无牵无挂,不知不觉至深更,入庵房欲睡,上床之时,误认无墙壁之处为墙壁,糊里糊涂把身子靠了过去,不料却跌了下来,在跌倒的一刹那,不觉失笑出声,就此豁然大悟了。身心开朗之余,脱口作了一偈:

多年掘地觅青天,添得重重碍膺物;
一夜暗中飏碌砖,等闲击碎虚空骨。

梦窗心眼洞明之后,感恩之余,便去会见一山禅师和佛国禅师,呈上自己之所见,机智密契,佛国大为称赞,立刻为他印证云:"西来之密意,汝今已得,必善自护持!"

时梦窗年三十一岁。

古今中外禅师有一特色,大都语冷心慈,一山禅师的无方便,无慈悲,实则即方便,即慈悲;佛国禅师的棒喝,更是大方便大慈悲,设无此二师,何有后来梦窗国师?故春风夏雨,能使万物生长,而秋霜冬雪,更可使万物成熟也。

20　一无所求

宋朝雪窦禅师在淮水旁遇到学士曾会先生。曾会就问道:"禅师!您要到哪里去?"

雪窦很有礼貌地回答道:"不一定,也许往钱塘,也许往天台方面去看看。"

曾会就建议道:"灵隐寺的住持珊禅师跟我很好,我写封介绍信给您带去,他定会好好地待您。"

可是雪窦禅师到了灵隐寺时,并没有把介绍信拿出来求见住持,一直陆沉在大众中过了三年。曾会于三年后奉令出使浙江时,便到灵隐寺去找雪窦禅师,但寺僧却没有人知道有这么一个人,曾会不信,便自己去云水所住的僧房内,在一千多位僧众中找来找去,才找到雪窦,便问道:"为什么您不去见住持而隐藏在这里?是不是我为你写的介绍信丢了?"

雪窦："不敢，不敢，因我是一个云水僧，一无所求，所以不做你的邮差呀！"

即从袖里拿出原封不动的介绍信交还给曾会，双方哈哈大笑。曾会即将雪窦引进与住持珊禅师，珊禅师甚惜其才，嗣后苏州翠峰寺欠住持时，就推荐雪窦任其住持。

今日社会上为求职小事，经常攀亲带故，请托之风比比皆是，如雪窦禅师者，虽有晋身之阶，但弃而不用。吾人若能精勤修学，一日自然瓜熟蒂落，龙天推出，所谓"不患无位，患所以立"耳。

21　贵耳贱目

唐代朗州刺史李翱非常向往药山惟俨禅师的德行，一天特地亲身去参谒，巧遇禅师正在山边树下看经，虽知太守来，但仍无起迎之意，侍者在旁提示，仍然专注于经卷上。李太守看禅师这种不睬态度，忍不住怒声斥道："见面不如闻名！"说完便拂袖欲去。

惟俨禅师至此，才冷然说道："太守何得贵耳贱目？"

短短一句话，李太守为之所动，乃转身拱手致歉，并问道："如何是道？"

惟俨禅师以手指上下说："会吗？"

太守摇了摇头回说不会。

惟俨："云在青天水在瓶。"

太守听了，欣然作礼，随述偈曰：

炼得身形似鹤形，千株松下两函经；

>　我来问道无余说,云在青天水在瓶。

　　今日社会上,人与人初见时,常说"久闻大名",其实心中可能在想"不过如此耳",此皆贵耳贱目之人。见面不如闻名,闻名不如死后说好,此皆人之劣根性耳。李翱居高官,性倨傲,以儒者自居,何能忍受药山禅师之冷漠,此即禅与儒深度不同之明证。

22　怎可动心

仰山禅师有一位比丘尼弟子,名叫妙信,因寺中知客师解职,仰山就命她负责寺中接待事宜,寺中大众也认为非常适合,因为妙信能干、发心,有相当魄力。

一日,从四川来了十七名行脚僧挂单寺中,预备亲近仰山,向其问道。晚餐后,行脚僧们无事,开始讨论佛法,当内容涉及"风动幡动"的问题,互相不能解决,争执吵闹的声音闻于妙信,妙信也就大声呵斥道:"十七个门外汉,明天走的时候要把房钱饭钱算清楚。"

妙信的威严,一点也不像女人,行脚僧一起默然相对,不知如何是好。妙信命令道:"不要争执,到我面前来,我告诉你们!"

十七个人不自觉地走到妙信的面前,妙信说道:"既不是风动,也不是幡动,怎可以心动?"

行脚僧们一听,顿然眼前一亮,心开意解。大家商量,不再等到仰山禅师开法堂的时候闻法请示了,第二天全体告别妙信而去。

当初六祖大师为了二僧争论风幡谁动,六祖说:"不是风动,不是幡动,是二位仁者的心动耳。"今妙信禅尼曰:"既不是风动,也不是幡动,怎可以心动?"的举唱,又更进一步。六祖主张把客体主体融合在一起的妙境,今妙信禅尼超越融合,不立主客,所谓动念即乖,此乃更有深义焉。

23　默然无语

黄龙禅师住在净戒寺的时候,有一次,在那里与洞山圆禅师相见,黄龙默然无语,两人只是焚香对坐而已。从下午一直坐到深夜,洞山圆禅师起来说道:"夜深了,妨碍你的休息。"说完,就走了出去。

第二天,各人回去,黄龙一回到自住的禅院时,首先迫不及待地向永首座问道:"你当初住在庐山的时候,认识洞山圆长老吗?"

"不认识,只听过他的名字。"

停了一会儿,永首座问道:"老师这次见到他,看他是什么样的人?"

黄龙答道:"奇人!"

首座退下以后,询问侍者:"你跟老师见到洞山的时候,他们夜间谈话,谈些什么?"

侍者把实际情形,如两人对坐,默然无语的话告诉首座,首座深深呼吸后,喟然大叫一声:"疑杀天下人!"

人与人之间,要用语言文字才能交换思想意见,有时语言文字,把理路越说越混淆不清。禅,不立语言文字,禅师传道,有时扬眉瞬目,有时棒喝笑骂,都是直截了当的教育。如黄龙、洞山二老,虽然无言,岂不已心心相印耶?老首座又何必多疑?不过,由疑亦能入禅也。

24　谁在井中

有一年轻学僧问性空禅师:"什么是祖师西来意?"

性空禅师回答道:"假如有人落在千尺之深的井中,你能不假寸绳把他救出来,我就告诉你。"

学僧说:"近日湖南畅禅师圆寂,也是像你一样,讲的话,不合乎常识。"

性空禅师就喊仰山慧寂禅师把年轻的学僧赶了出去。

仰山后来问耽源禅师说道:"依你看,怎样才能够救出那井中的人呢?"

耽源反问道:"痴汉!谁在井中?"

仰山无法回答,后来又问沩山禅师道:"老师!依您看,怎样才能够救出井中之人?"

沩山出其不意地大声叫道:"慧寂!"仰山应诺。

沩山禅师说:"从井里出来了也。"

以后仰山慧寂曾举这些话告诉众人说:"我在耽源禅师处得命,沩山处得地。"

禅者讲话,不合乎常识,的确不错。禅,本来就是超越常识的。一般人思想观念总在事相上解释来,解释去,殊不知这都是妄心上的知见,不是禅心上的体悟。

坠落在万千尺的坑井中,要假他人的绳索才能救得起来,这从事相上去做是多麻烦的事,如果能直下承当,从理上去会,自己跌倒自己爬起来,那真实的世界不是又为自己所有了吗?

25　待客之道

赵州城的赵王特地去拜访赵州从谂禅师,这时赵州从谂禅师正在床上休息,他躺着对来访者说道:"大王!我现在已老迈,虽然你专程来看我,但我实在无力下床接待你,请别见怪。"

赵王非但不见怪,反而对赵州更加尊重。第二天,赵王派遣一位将军送礼品给他,赵州一听却马上下床到门外相迎。事后弟子们不解,就问赵州禅师道:"前天赵王来时,你不下床;这次赵王的部下来时,你为什么反而下床到门外相迎呢?"

赵州禅师解释道:"你们有所不知,我的待客之道有上中下三等分别,第一等的上等人来时,我在床上用本来面目接待他;第二等的中等人来时,我下床到客堂里用礼貌接待他;第三等人来时,我用世俗的应酬到前门去迎接他。"

有人用"茶，泡茶，泡好茶；坐，请坐，请上坐"的话嘲讽寺院知客的势利，其实并非势利，实则正常人情之礼。世间法中，本来就是在平等法中示有差别。若赵州禅师的待客之道，从禅心中示观不同于世俗的知见，就是高人一等了。吾人做人处世，俗谛乎？真谛乎？真俗双融乎？望有心者一参！

26　珍惜现在

日本亲鸾上人九岁时,就已立下出家的决心,他要求慈镇禅师为他剃度,慈镇禅师就问他:"你还这么小,为什么要出家呢?"

亲鸾:"我虽年仅九岁,父母却已双亡,我因为不知道为什么人一定要死亡,为什么我一定非与父母分离不可,所以,为了探索这层道理,我一定要出家。"

慈镇禅师非常嘉许他的志愿,说道:"好!我明白了。我愿意收你为徒,不过,今天太晚了,待明日一早,再为你剃度吧!"

亲鸾听后,非常不以为然地道:"师父!虽然你说明天一早为我剃度,但我终是年幼无知,不能保证自己出家的决心是否可以持续到明天,而且,师父!您那么高年,您也不能保证您是否明早起床时还活着。"

慈镇禅师听了这话以后，拍手叫好，并满心欢喜地道："对的！你说的话完全没错。现在我马上就为你剃度吧！"

我国唐代玄奘大师，十二岁出家时，因唐代出家为僧须经考试及格，其时玄奘年幼，未能录取，玄奘伤心痛哭，主考官郑善果问为何一定要出家，玄奘答以要"光大如来遗教，绍隆菩提佛种"，因其志愿宏伟，特准出家，今中日两圣者，古今辉映，亦佛教之美谈也。

27　云门内外

云门禅师去参访睦州禅师,到了睦州禅师的道场,正是黄昏薄暮时分。云门用力敲着两扇紧闭的大门,许久以后,睦州才来应门,云门道明来意之后,正将一脚跨入门槛的时候,睦州出其不意地用力把门关上,云门大叫:"哎哟!哎哟!好痛哟!"

禅师:"谁在喊痛呀?"

云门:"老师!是我。"

禅师:"你在哪里呢?"

云门:"我在门外啦!"

禅师:"你人在外面,为什么叫痛呢?"

云门:"因你把我的脚关在门里面了。"

禅师:"脚在门里,为什么人在门外呢?"

云门:"你确实把我分成里外了。"

禅师:"愚痴!一个人还有里外之分?"

云门于此言下,好像一锤击在心上,顿时粉碎虚妄的身心世界,终于大悟。

云门禅师虽然腿被压断,但这一关一阖却截断了虚妄纷纭的意识,证悟了内外一如,平等无二的道理。

世间,在禅者的眼中,都是虚妄对待的,内外、你我、善恶、大小等,所以吾人给虚妄对待紧紧束缚,无法超越,而今截断众流,返归本原,统一了内外,超脱了你我,不悟而何?

28　割舍

金代禅师非常喜爱兰花，在寺旁的庭院里栽植数百盆各色品种的兰花，讲经说法之余，总是全心地照料，大家都说，兰花好像是金代禅师的生命。

一天，金代禅师因事外出，有一个弟子接受师父的指示，为兰花浇水，但不小心将兰架绊倒，整架的盆兰都给打翻，心想：师父回来，看到心爱的盆兰这番景象，不知要愤怒到什么程度？于是就和其他的师兄弟商量，等禅师回来后，勇于认错，且甘愿接受任何处罚。

金代禅师回来后，看到这件事，一点儿也不生气，反而心平气和地安慰弟子道："我之所以喜爱兰花，为的是要用香花供佛，并且也为了美化寺院环境，并不是想生气才种的啊！凡是世间的一切都是无常的，不要执着于心爱的事物而难割舍，因那不是禅者的行径！"

弟子听后，放下一颗忐忑的心，更精进于修持。

人在世间上，最难做到的就是放得下，自己喜爱的固然放不下，自己不喜爱的也放不下。因此爱憎之念，盘踞住我们的心房，哪能快乐自主？如果对心爱的东西，能够割舍，对违逆能够接受，进而做到无爱无憎，正如《心经》所云："远离颠倒梦想，究竟涅槃。"金代禅师的"不是为生气才种花的"，多伟大的禅功！

29　善恶一心

禅宗四祖道信禅师,到牛头山访问法融禅师,见师端坐习禅,旁若无人,决不举目看他一眼,不得已,只好向前问道:"你在这里做什么?"

法融:"观心。"

道信:"观是何人?心是何物?"

法融无法回答,便起座向四祖作礼,并问道:"大德高栖何所?"

道信:"贫道不决所止,或东或西。"

法融:"那么,你认识道信禅师吗?"

道信:"你问他做什么?"

法融:"向德滋久,冀一礼谒。"

道信:"我就是!"

法融:"因何来此?"

道信:"我特意来访,请问除此之外,还有哪里可以'宴息'?"

法融:"东边有一个小庵。"

四祖道信便叫他带路,到了那里,看到茅庵四周有许多虎狼之类的脚印,四祖便举起两手做恐怖的状态。法融禅师看到时,便说:"你还有这个(恐惧)在吗?"

四祖反问:"你刚才看见了什么?"

法融又无法对答,便请四祖道信坐下,道信在法融入内取茶时,在对面他的座位上书写一个"佛"字。当法融回来将要坐下时,一看"佛"字时悚然震惊,认为怎可坐在佛上?这是大不敬的事。四祖也笑着问:"你还有这个在吗?"

法融听后,茫然不知所对。

生死勘不破,就有恐怖;荣辱勘不破,就有得失;贵贱勘不破,就有分别;生佛勘不破,就有颠倒。难怪四祖道信禅师和法融禅师的悟境不同了。

30　自了汉

黄檗禅师自幼便出家为僧，有一次，他游天台山时，碰到一个举止奇怪的同参，两人谈笑，一如故人。当他们走到一条小溪前面时，正好溪水暴涨，那个同参叫黄檗一起渡河，黄檗便说道："老兄！溪水这么深，能渡过去吗？"

那个同参便提高裤脚过河，好像在平地上行走一样自然，他边走边回过头来说："来呀！来呀！"

黄檗便叫道："嘿！你这小乘自了汉，如果我早知你如此（早知你是有神通的小乘人），便把你的脚跟砍断。"

那同参被他骂声所感动，叹道："你真是位大乘的法器，实在说，我不如你啊！"说着，便消失了。

佛教分大乘小乘，小乘重自度，大乘重度他，小乘圣者,纵然得道,也不及初发心的大乘行者。"拔一毛而利天下,吾不为也"的作风,永远不能成佛。"自己未度,先能度人,才是菩萨发心。"黄檗斥责自了汉,难怪小乘圣者感动,并赞他为大乘法器了。

31　到地狱去

有人问赵州禅师:"师父平时修福修慧,人格道德至为完美,假如百年之后,不知会到哪里去呢?"

"到地狱去!"

"以师父您的修持德行,百年以后怎么会去地狱呢?"

"我若不去地狱,你所犯的杀、盗、淫、妄罪业,谁去度你呢?"

赵州禅师到地狱去,和地藏菩萨的精神一样,怀着无限的慈悲,带着广大的行愿,所谓"我不入地狱,谁入地狱?"难怪慈航法师也说:"只要一人未度,切莫自己逃了。"

3	4	5	111	18	28	53	32	54	63	55	56	44	65
中阿含经	增一阿含经	杂阿含经	金	佛教新出思想集萃	六祖坛经	碧岩录	天台四教仪	禅门师资承袭图	金刚錍	华严学	教观纲宗	摩诃止观	万善同归集	解深密经

《中国佛学经典宝藏》

华人佛学界顶级专家团队编撰。大陆首次引进简体中文版。
读得懂，买得起，藏得下的"白话精华大藏经"。

星云大师 总监修

"人间佛教"的践行本

《中国佛学经典宝藏》白话版系列丛书，共计132册，由星云大师总监修，大陆、台湾百余专家学者通力编撰而成。

丛书依大乘、小乘、禅、净、密等性质编号排序，将古来经律论中之经典著作，依据思想性、启发性、教育性、人间性的原则，做了取其精华、舍其艰涩的系统整理。每种经典都按原文、注释、译文等体例编排，语言力求通俗易懂、言简意赅，让佛学名著真正做到雅俗共赏；还以题解、源流、解说等章节，阐述经文的时代背景、影响价值及在佛教历史和思想演变上的地位角色。丛书还开创性地收录了一些有代表性的现代读本。

专家推荐

星云大师常常说，佛学不是少数人的专利，它应该是每一个人都能够接触的。这套书推动了白话佛学经典的完成。

——依空法师

佛光山长老，文学博士，印度哲学博士

星云大师对编修《中国佛学经典宝藏》非常重视，对经典进行注、译，包括版本源流梳理，这对一般人去看经典、理解经典的思想，是有帮助的。

——赖永海

南京大学教授，旭日佛学研究中心主任

《中国佛学经典宝藏》精选了很多篇目，是能够把佛法的精要，比较全面地给予介绍。

——王志远

中国社会科学院研究生院导师，中国宗教协会副会长

传统大藏经 VS 中国佛学经典宝藏

	传统大藏经	VS	中国佛学经典宝藏
第一回合	卷帙浩繁 普通人阅读没头绪，没精力，看不懂。	VS	精华集萃 星云大师亲选132种书目，提纲挈领，方便读经。
第二回合	古文艰涩 繁体竖排 佛经文辞晦涩，多用繁体竖排版：读经门槛高。	VS	白话精译 简体横排 经典原文搭配白话精译，既可直通经文，又可研习原典。
第三回合	经义玄奥 难尝法味 微言大义，法义幽微，没有明师指引难理解。	VS	专家注解 普利十方 华人佛学界顶级专家精注精解，一通百通。

《中国佛学经典宝藏》目录

编号	书名	编号	书名	编号	书名
1	中阿含经	45	维摩诘经	89	法句经
2	长阿含经	46	药师经	90	本生经的起源及其开展
3	增一阿含经	47	佛堂讲话	91	人间巧喻
4	杂阿含经	48	信愿念佛	92	大乘本生心地观经
5	金刚经	49	精进佛七开示录	93	南海寄归内法传
6	般若心经	50	往生有分	94	入唐求法巡礼记
7	大智度论	51	法华经	95	大唐西域记
8	大乘玄论	52	金光明经	96	比丘尼传
9	十二门论	53	天台四教仪	97	弘明集
10	中论	54	金刚錍	98	出三藏记集
11	百论	55	教观纲宗	99	牟子理惑论
12	肇论	56	摩诃止观	100	佛国记
13	辩中边论	57	法华思想	101	宋高僧传
14	空的哲理	58	华严经	102	唐高僧传
15	金刚经讲话	59	圆觉经	103	梁高僧传
16	人天眼目	60	华严五教章	104	异部宗轮论
17	大慧普觉禅师语录	61	华严金师子章	105	广弘明集
18	六祖坛经	62	华严原人论	106	辅教编
19	天童正觉禅师语录	63	华严学	107	释迦牟尼佛传
20	正法眼藏	64	华严经讲话	108	中国佛教名山胜地寺志
21	永嘉证道歌·信心铭	65	解深密经	109	敕修百丈清规
22	祖堂集	66	楞伽经	110	洛阳伽蓝记
23	神会语录	67	胜鬘经	111	佛教新出碑志集萃
24	指月录	68	十地经论	112	佛教文学对中国小说的影响
25	从容录	69	大乘起信论	113	佛遗教三经
26	禅宗无门关	70	成唯识论	114	大般涅槃经
27	景德传灯录	71	唯识四论	115	地藏本愿经外二部
28	碧岩录	72	佛性论	116	安般守意经
29	缁门警训	73	瑜伽师地论	117	那先比丘经
30	禅林宝训	74	摄大乘论	118	大毗婆沙论
31	禅林象器笺	75	唯识史观及其哲学	119	大乘大义章
32	禅门师资承袭图	76	唯识三颂讲记	120	因明入正理论
33	禅源诸诠集都序	77	大日经	121	宗镜录
34	临济录	78	楞严经	122	法苑珠林
35	来果禅师语录	79	金刚顶经	123	经律异相
36	中国佛学特质在禅	80	大佛顶首楞严经	124	解脱道论
37	星云禅话	81	成实论	125	杂阿毗昙心论
38	禅话与净话	82	俱舍要义	126	弘一大师文集选要
39	释禅波罗蜜次第法门	83	佛说梵网经	127	《沧海文集》选集
40	般舟三昧经	84	四分律	128	《劝发菩提心文》讲话
41	净土三经	85	戒律学纲要	129	佛经概说
42	佛说弥勒上生下生经	86	优婆塞戒经	130	佛教的女性观
43	安乐集	87	六度集经	131	涅槃思想研究
44	万善同归集	88	百喻经	132	佛学与科学论文集

手机淘宝
扫一扫

深入经藏,智慧如海。

本套佛学经典适合系统的修习、诵读和佛堂珍藏。
咨询电话:尤冲 010-8592 4661

32　不留平常心

有一个学僧到法堂请示禅师道:"禅师!我常常打坐,时时念经,早起早睡,心无杂念,自忖在您座下没有一个人比我更用功了,为什么就是无法开悟?"

禅师拿了一个葫芦、一把粗盐,交给学僧说道:"你去将葫芦装满水,再把盐倒进去,使它立刻溶化,你就会开悟了!"

学僧依样画葫芦,遵示照办,没过多久,跑回来说道:"葫芦口太小,我把盐块装进去,它不化;伸进筷子,又搅不动,我还是无法开悟。"

禅师拿起葫芦倒掉了一些水,只摇几下,盐块就溶化了,禅师慈祥地说道:"一天到晚用功,不留一些平常心,就如同装满水的葫芦,摇不动,搅不得,如何化盐,又如何开悟?"

学僧:"难道不用功可以开悟吗?"

禅师:"修行如弹琴,弦太紧会断,弦太松弹不出声音,中道平常心才是悟道之本。"学僧终于领悟。

世间事,不是一味执着就能进步的,读死书而不活用,不能获益。留一点空间,给自己转身;余一些时间,给自己思考,不急不缓,不紧不松,那就是入道之门了。

33　本空非有

有一天，佛印禅师登坛说法，苏东坡闻说赶来参加，座中已经坐满人众，没有空位了。禅师看到苏东坡时说："人都坐满了，此间已无学士坐处。"

苏东坡一向好禅，马上机锋相对回答禅师说："既然此间无坐处，我就以禅师四大五蕴之身为座。"

禅师看到苏东坡与他论禅，于是说："学士！我有一个问题问你，如果你回答得出来，那么我老和尚的身体就当你的座位，如果你回答不出来，那么你身上的玉带就要留在本寺，作为纪念。"

苏东坡一向自命不凡，以为准胜无疑，便答应了。佛印禅师就说："四大本空，五蕴非有，请问学士要坐哪里呢？"

苏东坡为之语塞，因为我们的色身是由地水火风四大假合，没有一样实在，不能安坐于此，苏东坡的玉带因此输给佛印禅师了，至今还留存于金山寺。

34　一休吃蜜

一休禅师还是小沙弥的时候,就很有禅风。有一个信徒送一瓶蜂蜜给他的师父。师父这天刚要出门,心想:这瓶蜜放在屋里很不安全,一休可能会偷吃,因此把一休叫来吩咐道:"一休!刚才信徒送来这瓶毒药,药性强烈,非常危险,你千万不可贪食。"

一休是个很机灵的人,他当然懂得师父的意思,师父走了以后,他就把整瓶蜂蜜吃光了,饱尝一顿之后,心想师父回来时怎么交代呢?灵机一动,就随手将师父最心爱的一只花瓶打碎。当师父回来时,一休倒在地上号啕大哭,向师父哭着说道:"师父!我犯了不可赦免的罪过了。"

"一休!你做了什么错事?"

"师父!我把您心爱的花瓶打破了!"

"一休，你怎么这样粗心大意，把那么贵重的花瓶打破了？"

一休无限憾恨似的忏悔道："师父！我知道不该将您的花瓶打破，为了表示忏悔，向师父做个交代，我只好以自杀来谢罪，所以把您的那瓶毒药给吃下去了！"

这样的谢罪方式，使师父哑巴吃黄连，哭笑不得！

禅，用在修道上，固然可以明心见性，用在其他生活上，也有它的妙处。禅是智慧，是般若的智慧，幽默的智慧，一休小小年纪，如此机灵，以如此方法来谢罪忏悔，这岂不正是禅的幽默吗？

35　是邪是正

渐源仲兴禅师在道吾禅师处任侍者时,有一次端茶给道吾禅师,道吾禅师指着茶杯道:

"是邪?是正?"

仲兴走近道吾禅师的跟前面对着他,一句话不说,道吾禅师道:"邪则总邪,正则总正。"

仲兴摇摇头,表示意见道:"我不认为如此。"

道吾追问:"那你的看法?"

仲兴就把道吾手中杯子抢到手里,大声反问:"是邪?是正?"

道吾抚掌大笑,说道:"汝不愧为我的侍者。"

仲兴便向道吾禅师礼拜。

道吾禅师开示的"是正?是邪?"这其中的道理,所谓"邪人说正法,正法也是邪;正人说邪法,邪法也成正"。有些天天说道的人，却处处破坏人的信心；有些好打喜骂的人却能引人入道。名医治病，砒霜毒药皆成良药，因此说"邪则总邪，正则总正"。

仲兴禅师认为宇宙有"诸法因缘生，诸法因缘灭"，能体会时则不执断，亦不执常，作如此会时，则一切皆正。若将手中物执有执空，则皆是邪。以此见地反问老师。

道吾禅师欣慰嘉勉，终于师资相契了。

36　莫轻园头

有一学僧向洛浦禅师告假辞行，想到其他地方去参学，洛浦禅师就问道："此处四面是山，你要往何处去？"

学僧哑口不知如何回答。

洛浦禅师道："如果你在十天内能够回答，那就请便！"

学僧日夜思索，经行往来，偶在菜园中巧遇担任园头的善静禅师，善静禅师就问道："听说你已告假辞行到他处参学，为什么还在这里不去呢？"

学僧将不能回答洛浦禅师的问题经过详述一遍。

善静禅师说道："我可以教你回答，但你不能对洛浦禅师说这是我的话。"

学僧一听，大喜，恳求道："可以，请您告诉我答案吧！"

善静一字一字慢慢地道:"竹密不妨流水过,山高岂碍白云飞?"

当洛浦禅师听完学僧的回答,就问道:"这答案是谁告诉你的?"

学僧回答道:"是我自己的。"

洛浦禅师两眼圆睁,道:"我不相信!"

学僧只好说是善静禅师教的,当晚洛浦禅师上堂,就对大众宣布道:"莫轻园头,他日其座下将会有五百人!"

后来善静禅师弘化一方时,其弟子果真有五百余人。

真人不露面,禅宗丛林,多少烧火的、挑水的、煮饭的等等苦役行者,都是在工作中参究出本来面目,但仍陆沉,无人认识其真面目。"工作无尊卑,悟道有深浅",诚信然也。

37　佛子天然

行思禅师门下的丹霞天然禅师，本来是一个上京赶考求官的士子，某日有人向他说："选官何如选佛？"

丹霞道："到哪里去选？"

那人回答道："江西马祖大师是个好去处。"

天然就跑去见马祖，一见马祖就用手拍着自己的头，表示要剃度出家。

马祖说道："你的机缘不在我这里，是在石头禅师那儿。"

于是丹霞就去见石头希迁禅师。石头禅师一见，就命他作务去。

有一天，石头命大家到堂前去除草。天然却端了一盆水把头洗净，拿一把剃刀，跪在石头面前。石头见他已会意，于是便为他剃发出家。

他剃发出家后，再去见马祖，先不进客堂却直到僧堂，骑在祖师的圣像上，众人看到这个情形，以为不知何处的游方僧，大逆不道，遂告知马祖，但马祖大师看到他这样的行为，非常欢喜，遂说"我子天然！"天然随即从圣像上跳下，向马祖礼拜。从此以天然为名。

　　有一次，在一个寺庙拿佛像来烧火取暖，还说要取舍利子的，就是这位丹霞天然禅师。

　　有些佛弟子一听佛法，当下悟入而证果；有的勤修苦学了一生，还是不能得道。这与前生的修持有关，所以修证的迟速，都不是今生的利钝根性差别。

　　学佛，要像天然禅师，不要轻易错过因缘，但也不必急求速成，菩萨道需经三大阿僧祇劫，这才是真正的利根。

38　安住何处

　　唐朝丹霞禅师有一次想要去拜见马祖禅师，在路上碰到一个白胡苍苍的老人及一个髫龄的童子，丹霞禅师见老者器宇不凡，因此向前恭谨地问道："公住何处？"

　　老人用手一指上下，回答道："上是天，下是地。"这意思是说宇宙之内都可为家。

　　丹霞好像抓住了老人的辫子，追问道："若遇天崩地陷怎么办？"这意思是说宇宙天地毁灭了怎么办呢？

　　老人高声呼叫道："苍天！苍天！"这意思是说宇宙天地是成住坏空的。

　　童子就在旁边"嘘"了一声，这嘘声的意思是说透露自家本性的住处是不生不灭的。

　　丹霞大大地赞美道："非其父不生其子。"

　　老人与童子随即入山而去。

住,吾人要住何处?慈航法师说:"只要自觉心安,东西南北都好。"所以上是天,下是地,处处无家,处处为家。

但世间人把自己住在声色货利里,住在功名权力里,而声色货利、功名权力都在变异不停,哪里能平安无事地安住?

人若能肯定自己,不被五欲六尘的境界牵着鼻子走,心能安住,则天崩地裂又奈我何!

菩萨清凉月,常游毕竟空。看到月亮在空中四无依靠,像是非常危险,其实非常安全,就因菩萨住于般若空性之中,了无挂碍,菩萨才能生活得自由自在。

39　一室六窗

仰山禅师有一次请示洪恩禅师道:"为什么吾人不能很快地认识自己?"

洪恩禅师回答道:"我与你说个譬喻,如一室有六窗,室内有一只猕猴,蹦跳不停,另有五只猕猴从东西南北窗边追逐猩猩。猩猩回应,如是六窗,俱唤俱应。六只猕猴,六只猩猩,实在很不容易很快认出哪一个是自己。"

仰山禅师听后,知道洪恩禅师是说吾人内在的六识(眼耳鼻舌身意)追逐外境的六尘(色声香味触法),鼓兴繁动,彼此纠缠不息,如空中金星蜉蝣不停,如此怎能很快认识哪一个是真正的自己?因此便起而礼谢道:"适蒙和尚以譬喻开示,无不了知,但如果内在的猕猴睡觉,外境的猩猩欲与他相见,且又如何?"

洪恩禅师便下绳床，拉着仰山禅师，手舞足蹈似的说道："好比在田地里，防止鸟雀偷吃禾苗的果实，竖一个稻草假人，所谓犹如木人看花鸟，何妨万物假围绕？"

仰山终于言下契入。

吾人为什么不能认识自己？主要是因为真心久被尘劳封锁。好比明镜，尘埃遮盖，哪能显现明镜的光辉？真心不显，妄心反而成为自己的主人，时时刻刻攀缘外境，所谓心猿意马，不肯休息。人体如一村庄，此村庄中主人已被幽囚，为另外六个强盗土匪（六识）占有，拟此兴风作浪，追逐六尘，人体村庄一室六窗，从此怎么平安？

40　穿衣吃饭

有人问睦州禅师道:"我们每天都要穿衣吃饭,并且天天重复,实在非常麻烦,如何才能免除这些麻烦?"

睦州禅师回答:"我们穿衣吃饭。"

"我不了解你的意思。"

睦州禅师斩钉截铁地道:"如果你不了解,那你就穿衣吃饭吧!"

禅的妙用,正如禅师们所常惯用的偈语:"你无拄杖子,我给你拄杖子;你有拄杖子,我夺却你的拄杖子。"

禅,并不离开生活,平常人要穿衣吃饭,成佛悟道以后,仍然一样要穿衣吃饭。所不同的只是穿衣吃饭的感受和意义有所区别罢了。所谓"平常一样窗前月,才有梅花便不同"。

41　无响无闻

皓月供奉有一天请示赵州禅师道:"如何是陀罗尼(密咒)?"

赵州禅师不开口,以手指指着禅床右边。

皓月:"这个?"

赵州:"你以为这不是陀罗尼咒吗?僧却诵得。"

皓月:"还有人诵得否?"

赵州禅师又指着禅床左边。

皓月:"这个?"

赵州:"有什么不对,僧亦诵得。"

皓月:"我为什么听不到呢?"

赵州:"大德岂不知道,真诵无响,真听无闻。"

皓月:"这么说则音声不入法界性了。"

赵州:"离色求观非正见,离声求听是邪闻。"

皓月:"如何是不离色是正见,不离声是正闻?"

赵州禅师示偈道:

> 满眼本非色,满耳本非声;
> 文殊常触目,观音塞耳根。
> 会三元一体,达四本同真;
> 堂堂法界性,无佛亦无人。

一般人想从咒语音声求得即身成佛,就如皓月供奉不解色法音声当体即空一样。皓月虽经赵州指点总持一切义(陀罗尼)——即色即空,仍然不解,以为音声不入法界性。岂知法界性不离色相而显,所谓"佛法在世间,不离世间觉,离世(色法音声等俗谛)求菩提(胜义谛),犹如觅兔角"。

42　好事不如无事

有一次，赵州从谂禅师提起一句禅话道："佛是烦恼，烦恼是佛。"

学僧不解，因而纷纷要求赵州解释，学僧们问道："不知佛在为谁烦恼？"

赵州从谂回答道："为一切众生烦恼！"

学僧再进一步问道："如何可以免除这些烦恼呢？"

赵州从谂严肃地责问学僧道："免除烦恼做什么？"

又有一次，赵州从谂禅师看到弟子文偃在礼佛，便用拄杖打了一下，问道："你在做什么？"

文偃答道："礼佛。"

赵州从谂斥责道："佛是用来礼的吗？"

文偃道："礼佛也是好事。"

从谂道："好事不如无事。"

烦恼是病，佛道也是病，佛菩萨是真有病吗？不是的！佛菩萨是为一切众生而病。佛陀降诞娑婆，观音行化苦海，地藏菩萨地狱不空，誓不成佛，所以佛菩萨为什么要免除悲悯众生的烦恼呢？

礼佛虽是好事，但却莫执着此"好事"——功德。无事才更是真正的好事。

43　我们的禅道

有一学僧去拜访越溪禅师,问道:"禅师,我研究佛学儒学二十年,但对于禅道却一窍不通,您能指示我一些吗?"

越溪禅师并不开口,只是迎面打了他一巴掌,吓得学僧夺门而出,心想:真是莫名其妙,我一定要找他理论。正在生气的学僧在法堂外碰到首座老禅师,老禅师看他一脸怒相,就和蔼地问道:"出了什么事吗?到我那里喝杯茶吧!求道的人有什么事值得生气呢?"

学僧一边喝茶,一边开始抱怨越溪禅师无缘无故打他。当学僧这么一说时,冷不防老禅师立即挥手也打了他一巴掌,手上的茶杯哗啦一声掉在地上,老禅师道:"刚才你说已懂得佛法儒学,只差一些禅道,现在,我就用禅道供养你了。你知道什么是禅道吗?"

学僧愣得目瞪口呆，不知如何回答，老禅师又追问一次，学僧始终答不出来，老禅师道："真不好意思，就让你看看我们的禅道吧！"说着，就把打碎的茶杯捡起来，然后拿起抹布，把刚才洒了一地的茶水擦干，接着又说："除了这些以外，还有什么禅道呢？"

学僧终于体悟，"禅道"即在身边！从此就在越溪禅师座下参学。

禅宗参学请法，动不动就是打骂，其实禅者的温和洒脱，和打骂的行为完全是两回事，但禅者硬说打骂皆是禅道。这原因是打骂表达禅道来得凌厉，让你彻身彻骨容易感受罢了。比方禅者的风范，能屈能伸，打破茶杯，把它捡起来，泼出去的茶水，可以把它擦干，这还不够你体悟吗？

44　炷香增福

　　唐朝的裴休宰相,是一个很虔诚的佛教徒,他的儿子裴文德,年纪轻轻就中了状元,皇帝封他为翰林,但是裴休不希望儿子这么早就飞黄腾达,少年仕进。因此就把他送到寺院里修行参学,并且要他先从行单(苦工)上的水头和火头做起。这位少年得意的翰林学士,天天在寺院里挑水砍柴,弄得身心疲累,又烦恼重重,心里就不停地嘀咕,不时地怨恨父亲把他送到这种深山古寺里来做牛做马,但因父命难违,强自隐忍,像这样心不甘情不愿地做了一段时间之后,终于忍耐不住,满怀怨恨地发牢骚道:"翰林担水汗淋腰,和尚吃了怎能消?"

　　寺里的住持无德禅师刚巧听到,微微一笑,也念了两句诗回答道:"老僧一炷香,能消万劫粮。"

　　裴文德吓了一跳,从此收束身心,苦劳作役。

伟大人物，不是坐在高位上给人崇拜，禅者是从卑贱作业、苦役劳动中身体力行，磨砺意志。儒者有"天将降大任于斯人也，必先苦其心志，劳其筋骨，饿其体肤，空乏其身"。佛教更是重视苦行头陀，劳役历练。虽然如斯，这也只是充实福德因缘，乃属世间有为法。若禅者炷香，心能横遍十方，性能竖穷三际，心性能与无为法相应，当然"老僧一炷香，能消万劫粮"了。

45　画饼充饥

香严智闲因百丈禅师圆寂后，就到师兄沩山灵祐禅师处参学，沩山一见香严智闲就问道："我听说你在先师百丈处闻一知十，闻十知百，不过那只是知解上的问答，我现在不问你生平体会到的，以及经卷册子上记得的知识；但我要问你在未出娘胎前，什么是你的本分事？试说一句看看，我为你印证。"

香严智闲懵然不知应对，沉思了一会儿后，才说："请师兄替我说！"

沩山禅师道："我说，那是我的见解，对你，又有什么益处呢？"

香严智闲于是回到僧堂，把所有语录经卷搬出来，左翻右翻，竟然没有一句合乎应对的话，叹息道："说食不能当饱，画饼岂可充饥？"因此便把所有典籍付之一炬，发誓说："这辈子不研究义学了，从今以后，好好做个粥饭僧，免得浪费心神。"

香严智闲拜辞沩山禅师，到南阳慧忠国师住过的遗址禁足潜修。有一天，在割除杂草时，无意中锄头碰到瓦片，发出响声，他豁然顿悟，说偈云：

一击忘所知，更不假修持；
动容扬古道，不堕悄然机。
处处无踪迹，声色外威仪；
诸方达道者，咸言上上机。

从这段公案看，就可以明白知识是知识，悟道是悟道。知识是从分别意识上去认知的，悟道是从无分别智上体证的。禅，也不是从枯坐默守中可以悟的，禅仍然要经过分别意识到无分别智的。设若香严智闲没有慧解，就是用铁锤把石块打破，一样也不会开悟入禅。

46　圆融之道

药山禅师向石头希迁禅师问道:"我对佛法三藏十二分教,已略有所知,但对于南方所谓'直指人心,见性成佛'的道理却始终不能了解,恳请禅师为我指点。"

石头希迁禅师说道:"肯定的不对,否定的也不对,肯定的否定,否定的肯定也不对,恁这么时,该怎么办?"

药山禅师虽有契入,但未接心,过了一会儿,石头希迁说道:"你的因缘不在我这里,还是到马祖大师那边去吧!"

药山禅师去参拜马祖时,提出同样的问题。马祖说:"我有时叫它扬眉瞬目,有时又不叫它扬眉瞬目;有时扬眉瞬目是他,有时又不是他。你究竟怎样去了解他呢?"

药山听罢,一句话不说,便向马祖礼拜。马祖问道:

"你见到了什么,要向我礼拜?"

药山回答道:"我在石头禅师那儿,正像蚊子叮铁牛。"

听明白后,融会于心,那是理解;见到什么,体会实践,那是境界。境界的深浅,不可言说,如人饮水,冷暖自知。

药山禅师游走"江湖",从湖南的石头希迁禅师,到江西的马祖道一禅师,江湖问道。所谓禅心,所谓本性,如果要能实践,石头禅师劝他把肯定与否定放在一边,马祖禅师用扬眉瞬目也说是他不是他。是他是肯定,不是他是否定,其实,道——是否一如也,空有一如也。禅,原来是圆融之道。

47　方便示教

　　广州的仰山慧寂禅师，在福州的沩山灵祐禅师那里悟道，一住十五年，受其心印，三十五岁，领众弘法，有小释迦之誉。一日，有一学僧从他面前走过，他问学僧道："你是从什么地方来此参学的？"

　　学僧回答道："南方。"

　　仰山禅师举起拄杖，指一指问道："南方的长老，还说这个吗？"

　　学僧老实回答："不说。"

　　仰山禅师又把拄杖一挥，问道："既不说这个，那还说那个吗？"

　　学僧仍是摇摇头道："不说。"

　　仰山禅师就摆摆手杖，对恭谨站立的学僧慈悲地喊了一声道："大德！"

学僧立刻合掌道："诺!"

仰山禅师指示道："参堂去!"

学僧告辞,正举步要入禅堂,仰山又在后面叫道："大德!"

学僧回头,仰山禅师命令道："到我前面来!"

待学僧走近仰山禅师面前时,仰山以拄杖在头上点一下,又指示道："去!"

学僧终于言下大悟。

仰山禅师的教学法,实在说,内中含有无比的方便,难怪受教者能于言下大悟。先是叫你停,告诉你没有南北东西的分别,没有这边那边的差异;然后叫你参堂去,告诉你处处有道,处处是禅;再然后叫你到他的面前来,已经很明白地说出:道,就在眼前当下。等到你向前,又叫你去,这是说明佛法无来无去,横遍十方,普被三界。仰山禅师如此方便示教,学僧又怎能不悟呢?

48　知恩报恩

临济禅师向亲教老师黄檗禅师告辞他去。

黄檗禅师就问道："你要到哪里去？"

临济禅师答道："不是到河南，就是去河北。"

黄檗禅师当场就打临济禅师一拳，临济禅师抓住黄檗禅师回打他一巴掌。黄檗禅师被打后，哈哈大笑着呼叫侍者道："你去把百丈先师的禅板和经案给我拿来！"

临济禅师也高呼道："沙弥！顺便将火拿来！"

黄檗禅师道："我话虽然如此说，火也烧不着的，你尽管去你的，今后你必须堵塞天下人的嘴巴！"

后来沩山灵祐就以这件事问仰山禅师道："像临济的言行，是否背叛了老师黄檗？"

仰山："并非如此。"

沩山："你究竟作何想法呢？"

仰山："只有知恩的人才懂得报恩。"

沩山："在古代圣贤之中，有没有类似的事情发生？"

仰山："有的，只是时代已经很远，我不想向老师叙述。"

沩山："虽然事情已过去，可是我并不知道，还是请你说说看！"

仰山："例如《楞严经》中，阿难赞美佛陀说：'我愿把一颗赤诚之心献给像尘埃那么多的国家和众生。'其实，那就叫作'报佛恩'。这不就是报恩的实例吗？"

沩山："的确如此，的确如此。见识和老师的程度相同时，会减损老师的一半圣德；唯独见识超出老师时，才可以传授老师的遗教。"

在禅宗史上，黄檗希运禅师和临济义玄禅师传承禅法，叫作临济宗；沩山灵祐和仰山慧寂禅师传承的禅法叫作沩仰宗，他们同是百丈怀海禅师的门人或再传弟子，沩山的年岁比黄檗和临济都长，沩山（公元七七一——八五三年）比黄檗大五岁（公元七七六—八五六年），比临济大十六岁，而且宗风不尽相同，能一再推崇黄檗和临济，此亦即所谓量大、德大、恩大、禅大了。

49　打车打牛

　　南岳怀让禅师在般若寺住持时,发现每天下午有一位青年在大雄宝殿里打坐参禅,看样子,这位青年很有慧根,因此很关心地问道:"请问朋友,你在这儿做什么呢?"
　　青年不喜欢有人打扰,勉强答道:"打坐!"
　　怀让禅师再问道:"为什么要打坐呢?"
　　青年已经很不高兴,但口中仍回答道:"成佛!"
　　怀让仍慈悲地再问道:"打坐怎么能成佛呢?"
　　青年不再回答,似乎嫌这位老和尚过分啰唆。
　　怀让禅师不得已,就拿了一块砖头,在青年座旁每天推磨,经过多日,青年终于非常好奇地问道:"请问你每天在此做什么?"
　　怀让:"磨砖头!"

青年:"为什么要磨砖头?"

怀让:"为了要做镜子。"

青年:"磨砖怎可做镜子呢?"

怀让:"磨砖既不可能做镜子,那你打坐怎可成佛呢?"

青年大惊,这么一句平凡的问话,使他傲气全消,立刻恭敬地起身顶礼问道:"那么要怎样才对呢?"

怀让禅师非常和善地答道:"譬如赶一辆牛车,假如牛车不进,是应该打牛呢?还是打车子呢?"

青年听后,礼拜,跪下来,问道:"要如何用心,才能到达无相三昧的境界?"

怀让禅师答道:"学心地法门,就像播种,我为你讲解法要,就像天降甘露,只等因缘和合,就能见道。"

青年终于言下大悟,他,就是禅门一代宗师马祖道一禅师。

从马祖道一禅师悟道的过程看来,参禅的目的是明心见性,光是打坐,当然不能明心见性,因为禅非坐卧之相,不能把禅限于固定的形态。打坐可以用来通达禅道的方法,但不是目的,牛车不进,打牛即行,不关车事;参禅悟道,用心即是,不关身相。心为万事之主,任何修行,重在明心耳。

50　一路顺风

洞山良价禅师有一天夜里说法没有点灯,有禅僧能忍问洞山禅师为什么不点灯呢?洞山禅师听过能忍问话以后,才叫侍者把灯点亮,然后对能忍说道:"请你到我的面前来!"禅僧能忍走向前来。

洞山禅师对侍者说:"你去拿三斤点灯的油送给这位上座!"

洞山禅师的意思,是慈悲?抑是讽刺?或还有别的意思?但能忍甩甩袖子就走出讲堂,经过一夜的参究,能忍若有所悟。于是立刻拿出全部积蓄,举办斋会,供养大众。他在此随众生活,一过三年,三年后他才向洞山禅师告辞,意欲他去。

洞山禅师没有挽留,只是说:"祝你一路顺风!"

这时雪峰禅师恰好立在洞山禅师身边,于是等禅僧能忍转身外出，他就问洞山禅师道："这位禅僧走了以后，不知要多久才能回来？"

洞山禅师回答道："他知道他可以走，但他却不知自己什么时候可以再回来。你如不放心，可以去僧堂看他一下！"

雪峰到了僧堂一看，哪知能忍回僧堂以后，就坐在自己的席位上死了，雪峰禅师赶紧跑去报告洞山禅师。

洞山禅师说道："他虽然是死了，但是如果和我相比较，却比我慢了三十年。"

从这段公案看来，禅僧能忍责问洞山禅师说法开示为什么不点灯。在黑暗的时候需要光明，这是人情之常；洞山禅师因嘱侍者点灯，这种随顺舆情，也是人情之常；但洞山禅师嘱侍者再增加三斤灯油送他，这就不平常了。可以说这是洞山禅师的特别慈悲，也可以说，这是洞山禅师讽刺他的贪求。但不管怎么说，禅僧能忍悟道了，施财设斋，这表示舍去了贪求。

禅僧能忍悟道后，在洞山处一住三年，三年后，世缘已了，告辞入灭，洞山还祝他一路顺风，在禅者眼中，生死如回家一样。但洞山禅师自己还活着，却说禅僧能忍比他迟死了三十年，此处即洞山禅师早于三十年前悟知法身理体无生无死也。

51　方外之交

　　杭州净土院的药山惟政禅师，持律甚为精严，曾接引太守李翱皈依佛法，也曾入朝为唐文宗解释"蛤蜊观音"之事。但生性淡泊，不喜应酬，朝中大臣，经常争相供养，禅师均借故推辞。

　　师与蒋侍郎颇为深交，一日，蒋侍郎对禅师道："明日寒舍文人雅集，有几个知己好友相聚，大都是当代学者名士，恳请禅师能拨空前来普洒甘露，演说妙法，则我等不胜荣幸！"

　　惟政禅师推辞，蒋侍郎不允，不得已，勉强承诺前往。第二天，侍郎派人前来迎接禅师时，惟政禅师已不在寺中，迎者遍寻禅师不着，但见其经案上留有一偈，偈云：

　　　　昨日曾将今日期，出门倚杖又思惟；

> 为僧祇合居岩穴，国士筵中甚不宜。

迎者将此偈呈交蒋侍郎，蒋侍郎不但不怪他失信侮慢，反而更加尊敬惟政禅师，认为惟政禅师才是他真正的方外之交。

出家人的性格，有多种不同，有的发心在各阶层弘法度众，经中称为"人间比丘"；有的喜欢居住在深山丛林，经中称为"兰若比丘"，这就是大小乘的悲愿不同所致。人间佛陀的释迦，经常活跃在王公大臣的周围，但也容弟子大迦叶经常于山林水边静坐。故《高僧传》中，有义学比丘、弘传比丘、持律比丘、神异比丘等之不同，禅门大师的风格，有为当朝国师者、有隐遁不出者，但均能树立佛法有益于众生，不必同一形象也。

52　化人说法

唐朝文宗皇帝生性嗜好蛤蜊,沿海民众总不断打捞蛤蜊进贡朝廷。有一次,御厨在烹调时,一打开蛤蜊的硬壳,只见壳内一尊酷似观音菩萨的形仪,梵相具足,非常庄严,文宗就以美锦宝盒供奉在兴善寺,让大家瞻礼。水产的蛤蜊,其中现出菩萨圣像,太过稀奇,因此唐文宗在上朝时,问群臣道:"众卿之中,不知有谁知道蛤蜊内出现菩萨圣像,是象征什么祥瑞之兆?"

有一位大臣说道:"此乃超凡入圣之事,非一般学者凡人能知,圣上如必须探究此事,在太一山有药山惟政禅师,深明佛法,博闻强记,可以诏来询问。"

惟政禅师到达宫中后,便告诉唐文宗道:"物无虚应,此乃开启陛下信心。《法华经》云:'应以菩萨身得度者,即现菩萨身而为说法。'今菩萨现身,乃为皇上说法!"

文宗道:"菩萨虽已现身,但未闻其说法?"

惟政禅师立即解释道:"陛下认为此蛤蜊中示现的观音圣像,能否启发陛下的信心?"

文宗皇帝说道:"这种稀奇的灵异之事,是我目睹,当然相信。"

惟政禅师道:"陛下既已起信,那菩萨已为你说法说好了。"

药山惟政禅师对唐文宗的说法,极尽巧妙,此种灵慧,均由禅心中得来,所谓有了禅心,真是信口说来,皆成妙谛。吾人对佛法禅道,能有体悟,则世间上一色一香,一草一木,无不是道。你如懂得:那青青杨柳,郁郁黄花,都是诸佛如来的法身;你能明白:那江海涛声,檐边水滴,都是诸佛如来说法的声音。哪里一定要观音现身呢?哪里一定要观音说法呢?

53　听与不听

青林师虔禅师初参洞山禅师时,洞山禅师问道:"你是从什么地方来的?"

青林禅师回答道:"武陵。"

洞山禅师再问道:"武陵的佛法与我这里的有什么不同?"

青林禅师道:"如在蛮荒的沙石上开放着灿烂的鲜花。"

洞山禅师听后,回头吩咐弟子道:"特别做一些好饭菜供养这个人!"

青林禅师听后反而拂袖而出。

洞山禅师对大众道:"这个人以后必然使全天下的学僧,都争先恐后地聚集在他的门下。"

有一天,青林禅师向洞山禅师辞行时,洞山禅师问道:"你准备到哪里去?"

青林禅师道:"太阳是不会隐藏而不让人看见的,因为既是太阳,它必然是遍界绝红尘。"

洞山禅师印可道:"你要多多保重,好自为之!"

于是洞山禅师就送青林禅师走出山门,分手时,洞山禅师忽然说道:"你能不能用一句话,说出你此番远游的心情?"

青林禅师不假思索地道:"步步踏红尘,通身无影像。"

洞山禅师沉思了许久。青林禅师问道:"老师!您为什么不说话呢?"

洞山禅师以问代答道:"我对你说了那么多的话,你为什么诬赖我不说话呢?"

青林禅师跪下说道:"你说的,弟子没有听到;你没有说的,弟子都听到了。"

洞山禅师扶起青林师虔禅师道:"你去吧!你可以走到无说无示的地方去了。"

禅师们非常认真,他们不是说谎,明明别人说的话,他说没有听到,别人没有说,他说他听到了,这是非常耐人寻味的禅境。其实,听到无言无说的开示法语,那他已真正听到禅语的法音了。

54　每天吃什么

　　云居道膺禅师专程前来拜访洞山良价禅师的时候，良价禅师问道："你是从什么地方来？"

　　道膺禅师回答道："我从翠微禅师那里来。"

　　良价禅师再问道："你在翠微禅师那里，他都教导你们些什么？"

　　道膺禅师道："翠微禅师那里每年正月都祭祀十六罗汉跟五百罗汉，而且祭典非常隆重。我曾请示道：'以此隆重礼仪祭祀罗汉，罗汉们会来应供吗？'翠微禅师回答我说：'那你每天都吃什么？'我想，这句话，就是他的教言了。"

　　良价禅师听后，非常惊讶地问道："翠微禅师真的是这样教导你们的吗？"

　　道膺禅师非常肯定地答道："是的！"

良价禅师高兴而又赞美翠微禅师，不禁非常欢喜。

道膺进一步问良价禅师道："老师！请问您每天吃些什么？"

良价禅师不假思索，立刻回答道："我终日吃饭，从来没有吃着一粒米；终日喝茶，从来没有喝到一滴水。"

道膺禅师听后，忽然鼓掌道："老师！那您每天是真正吃到米喝到水了。"

孔子曰："祭神如神在。"神明有没有来应供，那是另外一个问题，主要是自己本身已来应供。假如有人问你，每天吃些什么？吃到的都不是真吃，因为有吃无吃，那是生灭问题，假如不吃而吃，吃而不吃，从有为到无为，从有相到无相，从生灭到无生灭，所谓"百花丛里过，片叶不沾身"，那就是每天都在吃，每天都在解脱之中了。

55　粥与茶

赵州禅师非常注重生活的佛教,他处处都从生活中表现他的禅风。有数位学僧前来问禅,第一位学僧问道:"弟子初入丛林,请求老师开示!"

赵州禅师不答反问道:"你吃粥了也未?"

学僧回答道:"吃粥了也。"

赵州禅师指示道:"洗钵盂去。"第一位学僧因此开悟。

第二位学僧前来问道:"弟子初入丛林,请求老师不吝开示。"

赵州禅师不答反问道:"来多久了?"

学僧回答道:"今天刚到。"

赵州禅师再问道:"吃过茶没有?"

学僧回答道:"吃过了。"

赵州禅师指示道:"到客堂报到去。"

第三位学僧因在赵州禅师住的观音院参学十多年,故亦上前问道:"弟子前来参学,十有余年,不蒙老师开示指导,今日想请假下山,到别处去参学。"

赵州禅师听后,故作大惊道:"你怎可如此冤枉我?自你来此,你每天拿茶来,我为你喝;你端饭来,我为你吃;你合掌,我低眉;你顶礼,我低头;哪一处我没有指导你?怎可胡乱冤枉我!"

学僧听后,用心思想,赵州禅师道:"会就会了,假若用心分别、思维,则离道远矣!"

学僧似有所悟,但问道:"如何保任呢?"

赵州禅师指示道:"但尽凡心,别无圣解,若离妄缘,即如如佛。"

所谓佛法,所谓禅心,都应该不离生活。吃饭吃得合味,禅也;睡觉睡得安然,禅也。离开了生活,佛法又有何用呢?今日修道者,只重生死,不重生活,实离道远矣!

56　狗子佛性

赵州从谂禅师是一位非常风趣的禅师，有"赵州古佛"的美称。

有人问他："什么是赵州？"

赵州答道："东门、南门、西门、北门。"

这是一语双关的回答，意思是若问者是问赵州城，城有四门，这是最佳回答；若问赵州禅师，所谓东南西北门者，意指他的道风活泼而又通达，既有东南西北门，门门皆可进出也。

有一位学僧问赵州禅师道："狗子有佛性也无？"

赵州毫不考虑地回答道："无。"

学僧听后不满，说道："上自诸佛，下至蝼蚁，皆有佛性，狗子为什么却无？"

赵州禅师解释道："因为它有'业识'存在的缘故。"

又一学僧问赵州禅师道:"狗子还有佛性也无?"

赵州禅师答道:"有!"

另一学僧也不满这个答案,所以就抗辩道:"既有佛性,为什么要撞入这个臭皮囊的袋子里?"

赵州禅师解释道:"因为它明知故犯!"

这上面有名的公案,两个学僧问的同一问题,而赵州禅师两种迥然不同的答案,时而说无,时而道有,在禅师的有无,其实只是一义,有无只是一而二,二而一,千万不可把有无分开,不可把有无分作两种解释,《般若心经》云:"以无所得故,菩提萨埵。"即是此义。

是"有无",但不可作有无会,此中道理,正如哑巴做梦,只许自知,无法向人道说,如吞了热铁丸,吐又吐不出,吞又吞不下,荡尽凡情,才能有个转身是也。

世人对有无二字,总用二分法去了解,认为世间总是有与无的对峙,是与非的不同,善与恶的分别,此实世人不能认识回家之路找到本来面目的根本原因。

狗子有没有佛性?"佛性"本来就不可用有无二字说的,赵州禅师不得已,说有说无,不知大家能体会出有无之中道义否?

57　要眼珠

云岩禅师正在编织草鞋的时候,洞山禅师从他身边经过,一见面就说道:"老师!我可以跟您要一样东西吗?"

云岩禅师回答道:"你说说看!"

洞山不客气地说道:"我想要你的眼珠。"

云岩禅师很平静地道:"要眼珠?那你自己的眼珠呢?"

洞山道:"我没有眼珠!"

云岩禅师淡淡一笑,说:"要是你有眼珠,如何安置?"

洞山无言以对。

云岩禅师此时才非常严肃地说道:"我想你要的眼珠,应该不是我的眼珠,而是你自己的眼珠吧?"

洞山禅师又改变口气道:"事实上我要的不是眼珠。"

云岩禅师终于忍受不了这种前后矛盾的说法,便对洞山禅师大喝一声道:"你给我出去!"

洞山禅师并不讶异,仍非常诚恳地说道:"出去可以,只是我没有眼珠,看不清前面的道路。"

云岩禅师用手摸一摸自己的心,说道:"这不是早就给你了吗?还说什么看不到!"

洞山禅师终于言下省悟。

洞山禅师向别人要眼珠,这是很怪异的事,就算高明如云岩禅师,起初也只能告诉他眼睛长在自己额头上,为什么向别人要呢?最后知道洞山要的不是"肉眼",云岩禅师提示出"心眼"的妙道,洞山才有所契悟。

肉眼,是观看世间万象长短方圆青红赤白的,这种观看只是表面的、生灭的、现象的,而心眼才能观察宇宙万物的本体,这种观察是普遍的,里外一如的,难怪洞山虽有肉眼,仍看不清前面的道路,此道路即自己的本来面目,即成佛作祖的目标。当云岩告诉他心眼的妙用,洞山就有所省悟了。

58　不在别处

洞山良价禅师有一次对云岩禅师问道:"老师！如果您老百年以后,有人问我,您的相貌风姿长得如何？我该怎么回答？"

云岩禅师答道:"我不在别处。"

对此回答,洞山禅师沉思不已。

云岩禅师道:"良价上座,对这种事情,你以此种态度来处理,可要加倍慎重小心！"

洞山良价禅师仍满怀疑惑,不解云岩禅师为何如此提示他,难道这种问题犯了什么忌讳？

后来,有次洞山禅师在过河时,看见了自己映在水中的影子,才醒悟到以前云岩禅师对他说的话,于是便作了一个偈子：

　　切忌从他觅,迢迢与我疏；

我今独自往，处处得逢渠。

渠今正是我，我今不是渠；

应须恁么会，方得契如如。

洞山禅师回到云岩住的地方，说道："老师！不管什么时候，就算无量阿僧祇劫以后，你的风姿道貌我已经知道了。"

云岩禅师道："我不在那时。"

洞山连忙说道："不在别处，不在那时。"

一个修行者的道貌风姿，百年后，我们怎么来形容他的样子，假如这个样子可以形容，可以说明的话，这一定是假相假貌了，因为道貌风姿是无常假相，怎可认假为真呢？修道者的真假，不从他觅，不假形容，不在别处，不在那时，超一切时间，超一切空间，法身无相，而无所不相，那就是云岩禅师的真正道貌了。

59　不能代替

临济禅师将圆寂时，曾开示弟子道："我入灭后，你们不可将正法眼藏也随着灭却！"

座中三圣惠然禅师听后说道："身为弟子的我们，怎么敢将老师的正法眼藏灭却呢？"

临济禅师问道："那么，假如有人问起：道，是什么？你们要如何回答？"

惠然禅师马上就学着临济禅师一向教导学人的方法，高声大喝！

临济禅师非常不以为然地说道："谁能想象，我的正法眼藏，以后却在这些大喝一声的人处灭却！说来真叫人伤心！"

说完，就坐在法座上端然而寂，时为唐咸通七年。

临济禅师入灭后，惠然禅师非常不解，说道："老师平时对来访者都大喝一声，为什么我们就不能学着老师也大喝一声呢？"

临济禅师忽然又活回来："我吃饭，你们不能当饱；我死，你们不能代替。"

惠然禅师急忙跪叩说道："老师！请原谅，请住世给我们多多指导。"

临济禅师大喝一声，说道："我才不给你们模仿！"

说后，临济禅师真的就入灭了。

禅者，最不喜欢人模仿，所谓依样画葫芦，终究不像原样。黄檗禅师的棒、临济禅师的喝、赵州禅师的茶、云门禅师的饼，各家接待学人有各家的家风，不是依样可学。禅者要能"上无片瓦盖头，下无寸土立足"，一切都要自家重新来过也。

60　因缘所成

桂琛禅师参访玄沙禅师,玄沙知道他深研唯识法相之学,故而指着一张竹椅问道:"三界唯心,万法唯识,这个汝作么生会?"

桂琛禅师答道:"既曰唯识,又曰唯心,那就作唯识唯心会好了。"

玄沙禅师不以为然,说道:"理则是矣,无如破坏事相了,唯识唯心并不破坏宇宙万物。"

桂琛禅师指着一张桌子道:"那请问老师,您唤'这个'作什么?"

玄沙禅师答道:"桌子。"

桂琛禅师摇头道:"老师不会三界唯心,万法唯识,'这个'不唤作桌子,桌子者,乃假名假相也。"

玄沙禅师立刻改口道:"的确'这个'不是桌子,'这个'的真相乃是木材也，木材做成桌子则唤作桌子，做成窗子则唤作窗子，实则桌子窗子的本来面目仍是木材也。"

桂琛禅师不住点头，但玄沙禅师指着木桌又改口道："此'这个'非木材，非窗子，此乃山中大树也。"

玄沙禅师见桂琛禅师正要开口，举手制止，故又再说道："此亦非大树也，此乃一粒种子为因，再集阳光、空气、水分、土壤等为缘而成树、成木、成窗、成椅，实则树木窗椅，乃宇宙万物之因缘所成也。"

桂琛禅师道："宇宙万物，仍是唯识唯心耳。"

玄沙禅师道："汝既来此参学，不如说宇宙万物一切都是'禅心'也。"

桂琛禅师与玄沙禅师所论，涉及唯识、性空、禅等学理，但玄沙禅师最后仍回归"禅心"，因桂琛禅师既从唯识而转归参禅，对过去所知所学不能舍去，怎么能入禅？如一茶杯，已留有其他汁液，如今再装茶水，总会变味，桥路虽然相通，但仍应桥归桥，路归路，平等中示现差别，差别中亦平等也。

61　什么冤仇

中国禅宗初祖达摩祖师的坟墓,在今河南省熊耳山的吴坡。自古相传,作为一个禅师,一生之中必须到这里来参拜一次。有一位禅僧,从来没有见过达摩祖师的面,但是他却甘愿为达摩祖师终身守墓。这座达摩祖师的坟墓,唐代宗时,曾赐颁"圆觉大师空观之塔"的封号,所以大家称这位守墓的禅僧为塔主。

有一次,誉满天下的临济禅师来到达摩祖师的墓边,临济禅师应是达摩祖师的第十一代传人,塔主见面后就问道:"请问长老:您法驾光临,请问您是先礼佛呢?还是先礼祖呢?"

临济禅师道:"我到此目的,既不礼佛也不拜祖!"

塔主听后,非常不解地问道:"请问大德:佛陀与祖师与你有什么冤仇?"

临济禅师一听这话，反问道："您为佛陀与祖师这么讲话，佛陀与祖师有什么恩惠给你吗？"

塔主一听，茫然不知所答。

许久，塔主问道："那我该如何自处呢？"

临济禅师开示道："泯灭恩仇，体会佛法平等，才能见到祖师的本来面目。"

塔主又问道："如何才是佛法平等呢？"

临济禅师以三祖僧璨禅师的《信心铭》中的偈语说道：

　　至道无难，惟嫌拣择；
　　但莫憎爱，洞然明白。

塔主终于言下大悟。

临济禅师得法于黄檗禅师，黄檗的"不着佛求，不着法求，不着僧求"的禅境，临济一定深有所契。今见达摩祖师的塔墓，以至尊的无求之礼，契入祖心，而塔主不知，用对待的差别知见之心，问先礼佛抑或先礼祖，临济禅师不是佛与祖均不礼，而是自性中的佛与祖早就打成一片，所谓佛与祖已无分无别，何必妄加恩仇执着呢？

62　无言句

有一次临济禅师行脚到翠峰山时,就顺道去参访翠峰禅师,初见面时,翠峰禅师就问临济禅师道:"您从什么地方来?"

临济回答道:"从黄檗禅师处来。"

翠峰禅师听到黄檗禅师的名字,非常高兴,因此问道:"平常黄檗禅师如何教导学生呢?"

临济:"能用言语表达的东西都不是真理,黄檗禅师是从来不用言语教导学生的。"

翠峰:"什么都不言说,什么都不教导,那学生如何参学?"

临济道:"教导是有的,只是不同于一般言说,有时扬眉瞬目,有时棒喝打骂,若论教授,一字也无。"

翠峰:"能否举个例子?"

临济:"我是举不出例子的,因为那是足迹所不能到达的境地,就如一箭射过西天。"

翠峰:"足迹不能到达,心念总可以到达。"

临济:"如果一定要心念到达,那就有所偏差了。因为有到达的地方,也就有不到达的地方。"

翠峰:"如果完全封闭语言意念,那我们如何见道呢?"

临济:"当下见道!"

禅,一再强调言语道断,心缘灭绝。因为灭绝你我对待,灭绝时空限制,灭绝生死流转,那不是言语可教的,也不是足迹所到的,甚至也不是心念能想的。禅,超越有与无,超越内与外,超越知与不知,禅是无处不遍,无处不在的。正如诗云:"尽日寻春不见春,芒鞋踏破岭头云。归来偶把梅花嗅,春在枝头已十分。"

63　深不可测

有一位研究经律论的三藏法师,问大珠慧海禅师道:"请问吾人本性真如到底变异与否?"

大珠禅师:"会变异!"

三藏法师:"您错了。"

大珠禅师:"你有没有真如?"

三藏法师:"当然有。"

大珠禅师:"如果你说真如不变动,那么你一定是个平凡的僧人。你难道没有听过真的修道者,可以转三毒贪嗔痴为三学戒定慧,转六识成六种神通吗?转烦恼成菩提,转无明为佛智吗?如果你说真如无变异,你就是外道。"

三藏法师语塞,认输说道:"这么说来,真如就有变动了。"

大珠禅师："如果说真如有变动,也是外道。"

三藏法师："您刚说真如有变动,怎么现在又说不变?"

大珠禅师："如果你清清楚楚地见到自性,就会知道真如和万物的关系,你说变也是,不变也是。如果你没有见性的话,说变也不是,说不变也不是,如今一听人说真如会变动就作变动的解释,又听说不变就作不变的解释。你怎能称为杰出的三藏法师?"

三藏法师听后非常惭愧地说："禅,真是深不可测!"

禅,不能说有,也不能说无;不是动,也不是静;变而不变,不变而变;此即是彼,彼即是此;这不是一笔糊涂账,这是禅的一统天下!

64　肯定自己

沩山灵祐禅师正在打坐,弟子仰山禅师走了进来,沩山对仰山道:"喂,你快点说啊!不要等死了以后,想说也无法说了。"

仰山回答道:"我连信仰都不要,还有什么说不说?"

沩山加重语气问道:"你是相信了之后不要呢,还是因为不相信才不要呢?"

仰山:"除了我自己之外,还能信个什么?"

沩山:"如果是这样的话,那也只是一个讲究禅定的小乘人罢了。"

仰山:"小乘就小乘,我连佛也不要见。"

沩山:"四十卷《涅槃经》中,有多少是佛说的?有多少是魔说的?现在你所说,是如佛说,还是如魔说?"

仰山:"都是魔说的!"

沩山老师听了弟子这番话,满意地点头道:"今后,没人能奈何你了。"

"肯定自己",这是禅者的一大课题!真正的禅者,"不向如来行处行"。世间上能改变人的东西太多了,金钱可以改变你,感情可以改变你,思想可以改变你,威力可以改变你。而今仰山禅师的禅,超越信仰,超越对待,"一切都是魔说的",如此肯定自己,还有什么能奈何他呢?

65　从心流出

雪峰禅师和岩头禅师同行至湖南鳌山时,遇雪不能前进。岩头整天不是闲散,便是睡觉。雪峰总是坐禅,他责备岩头不该只管睡觉。岩头责备他不该每天只管坐禅。雪峰指着自己的胸口说:"我这里还不够稳定,怎敢自欺欺人呢?"

岩头很惊奇,两眼一直注视着雪峰。

雪峰道:"实在说,参禅以来,我一直心有未安啊!"

岩头禅师觉得机缘成熟,就慈悲地指导道:"果真如此,你把所见的一一告诉我。对的,我为你印证;不对的,我替你破除!"

雪峰就把自己修行的经过说了一遍。岩头听了雪峰的话后,便喝道:"你没有听说过吗?从门入者,不是家珍。"

雪峰便说:"我以后该怎么办呢?"

岩头禅师又放低声音道:"假如你宣扬大教的话,一切言行,必须都要从自己胸中流出,要能顶天立地而行。"

雪峰闻言,当即彻悟。

世间的知识,甚至科学,都是从外界现象上去了解的,而佛法,则是从内心本体上去证悟的。雪峰久久不悟,是因外境的森罗万象在心上还没有获得统一平等,"从门入者,不是家珍",要能"从心流出,才是本性"。这就是不要在枝末上钻研,要从大体上立根!

66　无情说法

洞山良价禅师,当他初次见云岩禅师的时候,问道:"有情说法,说给谁听?"

云岩:"有情听。"

洞山:"无情说法时,谁能听到?"

云岩:"无情能听到。"

洞山:"你能听到吗?"

云岩:"假如我能听到的话,那就是法身。你反而就听不到我说法了。"

洞山:"为什么呢?"

这时云岩举起拂尘,对洞山道:"你听到了吗?"

洞山:"听不到。"

云岩:"我说的法你都听不到,何况是无情的说法呢?"

洞山仍不明白，再问道："无情说法出自何典？"

云岩回答说："《弥陀经》不是记载说：八功德水，七重行树，一切皆悉念佛念法念僧吗？"

洞山听后，不禁失声叫道："是啊！是啊！"

洞山终于心有所得，便作偈曰：

也大奇！也大奇！无情说法不思议；
若将耳听终难会，眼处闻声方得知。

所谓无情说法，见到天空的明月，忽然兴起思乡之念；看到花落花谢，不禁有了无常之感；巍巍乎，山高愿大；浩浩乎，海宽智远；这不是无情跟我们说法吗？因此经云："情与无情，同圆种智。"

67　一片菜叶

雪峰、岩头、钦山禅师三人结伴四处参访、弘法。有一天，行脚经过一条河流，正计划要到何处托钵乞食时，看到河中从上游漂来一片很新鲜的菜叶。

钦山说："你们看，河流中有菜叶漂来，可见上游有人居住，我们再向上游走，就会有人家了。"

岩头说："这么完好的一片菜叶，竟如此让它流走，实在可惜！"

雪峰说："如此不惜福的村民，不值得教化，我们还是到别的村庄去乞化吧！"

当他们三人你一句、我一句地在谈论时，看到一个人匆匆地从上游那边跑来，问道："师父！你们有没有看到水中有一片菜叶漂过？因我刚刚洗菜时，不小心一片菜叶被水给冲走了。我现在正在追寻那片流失的菜叶，不然实在太可惜了。"

雪峰等三人听后,哈哈大笑,不约而同说道:"我们就到他家去弘法挂单吧!"

爱惜东西叫作惜福,唯有惜福的人才有福。一花一木,一饭一菜,不是物质上的价值,而是禅师心上的价值观念啊!

68　求人不如求己

佛印了元禅师与苏东坡一起在郊外散步时，途中看到一尊马头观音的石像，佛印立即合掌礼拜观音。

苏东坡看到这种情形，不解地问："观音本来是我们要礼拜的对象，为何他的手上与我们同样挂着念珠而合掌念佛，观音到底在念谁呢？"

佛印禅师："这要问你自己。"

苏东坡："我怎知观音手持念珠念谁？"

佛印："念观世音菩萨。"

苏东坡："观世音菩萨为何要念自己？"

佛印："求人不如求己。"

学佛，其实就是学自己，完成自己。禅者有绝对的自尊，大都有放眼天下、舍我其谁的气概，所谓"自修自悟""自食其力"，那就是禅者的榜样。

吾人不知道自己拥有无尽的宝藏，不求诸己，但求诸人，希求别人的关爱，别人的提携，稍有所求不能满足，即灰心失望。一个没有力量的人，怎能担负责任？一个经常流泪的人，怎么把欢喜给人？儒家说："不患无位，患所以立。"只要自己条件具备，不求而有。观音菩萨手拿念珠，称念自己名号，不就是说明这个意思吗？

69　谁去主持

百丈禅师会下有一位司马头陀,他懂天文、地理、算命、阴阳。有一天,头陀从外面回来,告诉百丈禅师说:"沩山那个地方,是一个一千五百人修行的好道场。"

百丈说:"我可以去吗?"

头陀回答说:"沩山是肉山,和尚是骨人,您老如果前去,恐怕门徒不会超过千人。"

百丈乃指众中的首座华林禅师,问:"他可以去吗?"

头陀:"他!也不相宜。"

百丈又指典座(煮饭的)灵祐问:"他可以去吗?"

头陀说:"他可以去。"

华林对百丈说:"我忝居第一座,尚不能去住,灵祐为什么能去呢?"

百丈回答道:"若能于众中下一转语出奇制胜,当去住持。"就指座前的净瓶说:"不得叫净瓶,你们唤作什么?"

华林说:"不可叫作木档(门闩)。"

百丈不以为然,乃转问灵祐,灵祐什么也不说,便上前一脚踢倒净瓶。百丈笑着说:"华林首座输给煮饭的人啰!"遂遣灵祐任沩山住持。灵祐禅师在沩山,大阐宗风,后成禅门沩仰宗一派。

禅的体验,不讲地位高低,不谈知识有无,只论证悟深浅。"不得叫净瓶,唤作什么?"这是试题,灵祐一脚踢倒净瓶,什么不说,这就是最好的答案。

禅,不必解说是什么,扬眉瞬目,语默动静,那都可以表达微妙的真理。

70　三件古董

　　一休禅师的弟子足利将军,请一休禅师到家里用茶,并将其所珍藏的古董一件件地拿出来展示,且频频问一休禅师的看法。禅师回答道:"太好了!为了增添你这些古董的光彩,我亦有三件古董:一是盘古氏开天辟地的石块,二是历朝忠心大臣吃饭的饭碗,三是高僧用的万年拐杖,如果你也收藏在一起就好了。"

　　将军欢喜不已说:"谢谢禅师,要多少钱一件?"

　　一休道:"不用谢,每件物品只要一千两银子。"

　　将军虽然心疼,但仍然觉得这三件古董价值很高,所以花了三千两银子把它们买下,并叫侍从随着一休禅师前去取回古董。

　　一休回到寺中,就对弟子说:"把在门口抵门的那块石头拿来,还有喂狗食的饭碗,以及我花了十钱银子买的那根拐杖，给来人带回去吧！"

将军的侍从将这三件东西拿回去呈给主人，并说明其来处，将军非常生气地跑去找一休禅师理论。一休和颜悦色地开示道："目前正是饥荒时候，每户人家三餐不继，将军你却还有心思欣赏古董？故我将你的三千两银子拿去救济贫民，替你做功德，其价值终身受用不尽，比之古董就更宝贵了。"

将军除惭愧外，更佩服禅师的智慧与慈悲。

禅，不是哲学，不是理论，不是只供给谈论。禅是生活，是艺术的生活；禅是本心，是超越的本心；禅是自然，是古今一样的自然。把真我融合在智慧与慈悲里，那就是禅了。

71　真正的自己

　　一所寺院的监院师父,参加法眼禅师的法会,法眼禅师问:"你参加我的法会有多久了?"

　　监院说:"我参加禅师的法会已经有三年之久。"

　　法眼:"为何不特别到我的丈室来问我佛法呢?"

　　监院:"不瞒禅师,我已从青峰禅师处领悟了佛法。"

　　法眼:"你是根据哪些话而能领悟了佛法呢?"

　　监院:"我曾问青峰禅师说:学佛法的人,怎样才能认识真正的自己?青峰禅师回答我说:丙丁童子来求火。"

　　法眼:"说得好。但是,你并不可能真正了解这句话的含意吧!"

　　监院:"丙丁属火,以火求火,这就是说凡事要反求诸己。"

法眼:"你果然不了解,如果佛法是这么简单的话,就不会从佛陀传承到今日了。"

监院听后,非常气愤,认为禅师藐视了自己,便离开了法眼禅师。

中途,他想:"禅师是个博学多闻的人,而且目前是五百人的大导师,他对我的忠告,一定自有其道理。"

于是他又返回原处,向法眼禅师忏悔,再次问道:"学佛的人真正的自己是什么?"

法眼:"丙丁童子来求火。"

监院闻言,突然有所领悟。

同样的一句话,有两种不同的层次,也可能有更多的层次。面对天上的月亮,小偷与恋爱中的情人,可能有不同的看法,所以对于真理,不要钻牛角尖,"反求诸己"固然重要,广为通达更重要。

72　地狱与极乐

有一地方首长去拜访白隐禅师，请示佛门常说的地狱与极乐是真实的呢？抑是一种理想？并希望禅师能带他参观到真实的地狱与极乐。

白隐禅师立刻将脑中所能想象得到最恶毒的话辱骂他，使得这位长官十分惊讶。刚开始时基于礼貌的关系，长官都没有回嘴。最后实在忍不住了，就随手拿起一根木棍，并大喝："你算什么禅师？简直是个狂妄无礼的家伙！"说着木棍就往禅师身上打去，白隐跑到大殿木柱后，对着面露凶相、从后追赶的长官说："你不是要我带你参观地狱吗？你看！这就是地狱！"

恢复自我的长官，察觉到自己的失态，急忙跪地道歉，请禅师原谅他的鲁莽。

白隐禅师："你看，这就是极乐！"

天堂地狱在哪里?这有三说:第一,当然天堂在天堂的地方,地狱在地狱的地方;第二,天堂地狱就在人间;第三,天堂地狱都在我们的心上。

我们的心,每天从天堂地狱不知来回多少次。

73　虔诚的心

有一位青年名叫光藏,未学佛前,一心想成为佛像雕刻家,故特别去拜访东云禅师,希望禅师能指点一些佛像的常识,使其在雕刻方面有所成就。

东云禅师见了他以后,一言不发地只叫他去井边汲水。当东云看到光藏汲水的动作以后,突然间开口大骂,并赶他离开。因为时近黄昏,其他弟子看到这种情形,颇为同情,就要求师父留光藏在寺中住一宿,让他明天再走。

到了三更半夜,他被叫醒,去见东云禅师,禅师以温和的口气对他说:"也许你不知道我昨晚骂你的原因,但我现在告诉你,佛像是被人膜拜的,所以对被参拜的佛像,雕刻的人要有虔诚的心,才能雕塑出庄严的佛像。白天我看你汲水时,水都溢出桶外,虽是少量的水,但那都是福德因缘所赐予的，而你却毫不在乎。像这样不知惜福且轻易浪费的人，怎么能够雕刻佛像？"

　　光藏对此训示，颇为感动而钦敬不已，并且在深加反省后，终于入门为弟子，对佛像的雕刻其技艺也独树一帜。

　　"虔诚的心"，就是敬业精神，岂单指雕刻佛像，无论做什么事，都应该有虔诚的心和敬业的精神。

74　像牛粪

宋代苏东坡到金山寺和佛印禅师打坐参禅,苏东坡觉得身心通畅,于是问禅师道:"禅师!你看我坐的样子怎么样?"

"好庄严,像一尊佛!"

苏东坡听了非常高兴。

佛印禅师接着问苏东坡道:"学士!你看我坐的姿势怎么样?"

苏东坡从来不放过嘲弄禅师的机会,马上回答说:"像一堆牛粪!"

佛印禅师听了也很高兴。

苏东坡见禅师被自己喻为牛粪,竟无以为答,心中以为赢了佛印禅师,于是逢人便说:"我今天赢了!"

消息传到他妹妹苏小妹的耳中,妹妹就问道:"哥哥!

你究竟是怎么赢了禅师的?"苏东坡眉飞色舞,神采飞扬地如实叙述了一遍。苏小妹天资超人,才华出众,她听了苏东坡得意的叙述之后,正色说:"哥哥!你输了!禅师的心中如佛,所以他看你如佛,而你心中像牛粪,所以你看禅师才像牛粪!"

苏东坡哑然,方知自己禅功不及佛印禅师。

禅,不是知识,是悟性;禅,不是巧辩,是灵慧。不要以为禅师们的机锋锐利,有时沉默不语,不通过语言文字,同样有震耳欲聋的法音。

75　三种病人

玄沙师备禅师开示大众说道:"诸方长老大德,常以弘法利生为家业,如果说法的时候碰到盲、聋、哑这三种病人,要怎么去接引他们呢?你们应想到对盲、聋、哑三种人怎么好说禅呢?假如对盲者振揵槌、竖拂尘,他又看不见;对聋者说任何妙法,他又听不见;对哑者问话,他又不会言表,如何印可?如果没有方法接引此三种病人,则佛法就会被认为不灵验。"

大家都不知如何回答,有一个学人,就将上面玄沙禅师的开示,特地向云门禅师请益。

云门禅师听后,即刻道:"你既请问佛法,即应礼拜!"学人依命礼拜,拜起时,云门就用拄杖向他打去,学人猛然后退。

云门说:"汝不是盲者!"

复大叫:"向我前面来!"

学人依言前行。

云门曰:"汝不是聋者!"

云门停了一会儿道:"会吗?"

学人答曰:"不会。"

云门曰:"你不是哑者!"

学人听后当下有省。

吾人本来不聋、不盲、不哑,但心地不明,终于成为盲聋哑者,今日若能多几位云门禅师,方便揭开学人心地,朗朗乾坤,不就是在当下吗?

76　银货两讫

诚拙禅师在圆觉寺弘法时，法缘非常兴盛，每次讲经时，人都挤得水泄不通，故信徒间就有人提议，要建一座较宽敞的讲堂。

有一位信徒，用袋子装了五十两黄金，送到寺庙给诚拙禅师，说明是要捐助盖讲堂用的。禅师收下后，就忙着做别的事去了，信徒对此态度非常不满，因为五十两黄金，不是一笔小数目，可以给平常人过几年生活，而禅师拿到这笔巨款，竟连一个"谢"字也没有，于是就紧跟在诚拙的后面提醒道："师父！我那袋子里装的是五十两黄金。"

诚拙禅师漫不经心地应道："你已经说过，我也知道了。"禅师并没有停下脚步，信徒提高嗓门道："喂！师父！我今天捐的五十两黄金，可不是小数目呀！难道你连一个'谢'字都不肯讲吗？"

禅师刚好走到大雄宝殿佛像前停下："你怎么这样唠叨呢？你捐钱给佛祖，为什么要我跟你道谢？你布施是在做你自己的功德，如果你要将功德当成一种买卖，我就代替佛祖向你说声'谢谢'，请你把'谢谢'带回去，从此你与佛祖'银货两讫'吧！"

佛法的布施，首重心意的真诚。施与财物，主要是令吾人去除悭贪，从中体悟到心内无穷的财富。布施一定要求佛祖和他说"谢谢"的人，又怎能得到喜舍的快乐呢？

77　不能代替

道谦禅师与好友宗圆结伴参访行脚，途中宗圆因不堪跋山涉水的疲困，因此几次三番地闹着要回去。

道谦就安慰着说："我们已发心出来参学，而且也走了这么远的路，现在半途放弃回去，实在可惜。这样吧，从现在起，一路上如果可以替你做的事，我一定为你代劳，但只有五件事我帮不上忙。"

宗圆问道："哪五件事呢？"

道谦非常自然地说道："穿衣、吃饭、拉屎、撒尿、走路。"

听了道谦的话，宗圆终于言下大悟，从此再也不敢说辛苦了。

谚语说："黄金随着潮水流来，你也应该早起把它捞起来!"世间上没有不劳而获的成就,万丈高楼从地起,万里路程一步始,生死烦恼,别人不能代替分毫,一切都要靠自己啊!

78　未到曹溪亦不失

　　石头希迁禅师的肉身现在还供在日本横滨总持寺。石头希迁十二岁时,见到六祖惠能大师。六祖大师住在广东曹溪,而石头希迁正是广东人,六祖一见到他,非常高兴地说:"可以做我的徒弟。"

　　"好啊!"他十二岁就做了六祖的徒弟了。但是不幸的是,三年后六祖就圆寂了。圆寂前,这个十五岁的小沙弥见师父要去世了,就问他:"老师百年以后,弟子要依靠谁呢?"

　　"寻思去!"六祖告诉他。

　　希迁把"寻思"误为"用心思量去",就天天用心思参禅,后来有一个上座告诉他:"你错了!师父告诉你'寻思去',因为你有一个师兄行思禅师,在青原山弘法,你应该去找他。"

石头希迁听后，立刻动身前往，当他从曹溪到青原山参访行思禅师时，行思禅师问他："你从哪里来？"

石头希迁回答道："我从曹溪来！"

说了这句话，觉得很了不起，意思是说我从师父六祖大师那里来的。

行思禅师又问道："你得到什么来？"

"未到曹溪也未失。"

这意思是未去以前，我的佛性本具，我也没有失去什么呀！

"既然没有失去什么，那你又何必去曹溪呢？"

石头希迁回答："假如没有去曹溪，如何知道没有失去呢？"

这意思是说不到曹溪，我也不知道自己有本具的佛性。像他们之间这许多对话，其中的意义，有些并不直接明白地说出，这就是禅宗的暗示教学法。

但我们大家，知道自己心中有个未失去的无尽宝藏吗？

79　蝇子投窗

空门不肯出,投窗也太痴;
千年钻故纸,何日出头时?

这首诗的作者古灵禅师,是在百丈禅师那里开悟的。悟道后的禅师感于剃度恩师的引导,决定回到仍然未见道的师父身旁。

有一次,年老的师父洗澡,古灵禅师替他擦背,忽然拍拍师父的背说:"好一座佛堂!可惜有佛不圣。"师父听了便回头一看,禅师赶紧把握机缘又说:"佛虽不圣,还会放光哩!"但是师父仍然不开悟,只觉得徒弟的言行异于常人。

又有一次,师父在窗下读经,有一只苍蝇因为被纸窗挡住了,怎么飞也飞不出去,把窗户撞得山响,于是又触动古灵禅师的禅思说:"世间如许广阔,钻他千年故纸。"并且做了上面那首诗偈，意思是说：苍蝇！你不晓得去寻找可以出去的正道，却死命地往窗户钻，即使身首离异也不能出头呀！暗示师父参禅应该从心地去下工夫，而不是"钻故纸"的知解啊！

师父看到这个参学回来的弟子，言语怪异，行径奇特，于是问他是什么道理。古灵禅师便把他悟道的事告诉了师父，师父感动之余，请他上台说法，禅师升座，便说道：

心性无染，本自圆成；
但离妄缘，即如如佛。

意思是说我们的心性就好像一块黄金，即使放在污水里，也不失它的光泽，只是我们没有去发觉而已。去除了这些污染，我们的佛性就能展现出来。师父听了徒弟说法终于开悟了。

这首诗为我们揭示了两个世界，向前的世界和向后的世界，向前的世界虽然积极，而向后的世界却更辽阔，我们唯有看清这两个世界，才真正拥有了世界。

80　何法示人

临济禅师与凤林禅师交往时,有一次凤林禅师问道:"我有一个问题想请教您,不知您愿不愿意回答?"

临济禅师回答道:"谁不知道您凤林上人是位大诗人,我可不要挖自己的肉作疮!不过我倒很好奇您的问题是什么?"

凤林:"海月澄无影,游鱼独自迷。"

临济:"海月既无影,游鱼何得迷?"

凤林:"观风看浪起,玩水野帆飘。"

临济:"孤轮独照江山静,长啸一声天地秋。"

凤林:"任将三寸辉天地,一句临机试道看。"

临济:"路逢剑客须呈剑,不是诗人莫献诗。"

凤林至此已无话可说,于是临济禅师乃吟诵着:

大道绝同,任向西东;

石火莫及，电光罔通。

后来沩山禅师看到这句颂词，就问仰山禅师道："其速度之快，既然连石头的火花都追不上，甚至连闪电的光线也都达不到，那么古圣先贤又用什么方法来教导后学呢？"

仰山："老师您的意思呢？"

沩山："只要是能言说的，皆无实义。"

仰山："我并不以为然。"

沩山："为什么呢？"

仰山："凡所言说，皆是佛法；凡所佛法，皆在心源；心念一动，遍十方界，石头之火，雷电之光，均不及心快也。"

沩山："确实不错，海月也好，游鱼也好，风浪也好，帆船也好，寂静的江山，萧条的秋天，诗人剑客，天地机遇，总在心中，何关迷悟？何关迟速？"

禅者好问，因为他们对人生、佛道、禅心，充满疑问，但另一方面的回答，往往又答非所问，看起来答问没有关联，但实际上丝丝入扣，紧密相连。所谓真理，有时同中有异，有时异中有同，其实同异皆一如也，动静皆一如也，东西皆一如也，空有皆一如也，迷悟皆一如也。

81　吃饭睡觉

修学律宗的有源,请教大珠慧海禅师说:"和尚修道,有没有什么秘密用功的法门?"

大珠:"有。"

有源:"如何秘密用功?"

大珠:"肚子饿时吃饭,身体困时睡觉。"

有源不解地说道:"一般人生活都要吃饭睡觉,和禅师的用功不是都相同吗?"

禅师:"不同。"

有源:"有什么不同?"

禅师:"一般人吃饭时百般挑剔,嫌肥拣瘦,不肯吃饱,睡时胡思乱想,千般计较。"

吃饭睡觉是多么简单的事,可是今天究竟有多少人能舒舒服服地吃饭,安安逸逸地睡觉?可见最平常的事到达平常心的境界,是须经过无数不平常的修持。禅师们多在"用功",快快乐乐地把饭吃饱,安安静静地把觉睡好。

82　十事开示

有学僧问寂室禅师道："请问老师：在禅门中，应该具备些什么条件，才能进入禅道？"

寂室禅师回答道："狮子窟中无异兽，象王行处绝狐踪。"

学僧又问道："参禅不参禅有什么不同？"

寂室禅师道："生死路头君自看，活人全在死人中。"

学僧再问道："学禅究有何益？"

寂室禅师道："勿嫌冷淡无滋味，一饱能消万劫灾。"

学僧听后，对参禅生大信心。一日，领学者数十人，跪求寂室禅师开示大众参禅法要，禅师因见大众心诚，故即以十事开示大众道："学禅者应注意如下十事：

一者须知生死事大，无常迅速，须臾不可忘失正念。

二者须于行住坐卧，检束身心，任何时刻不犯律仪。

三者须能不执空见，不夸自我，精进勇敢，勿堕邪见。

四者须摄六根正念，语默动静，远离妄想抛开烦恼。

五者须有求道热忱，灵明不昧，魔外窟中，施于教化。

六者须能废寝忘食，壁立万仞，竖起脊梁，勇往向前。

七者须究西来佛意，念佛是谁？哪个是我本来面目？

八者须参话头禅心，工夫绵密，不求速成，任重道远。

九者须要宁不发明，虽经万劫，不生二念，绍隆如来。

十者须能不退大心，洞然菩提，兴隆佛法，续佛慧命。

以上十事，诸仁者不知能会也吗？"

众学僧听后，欢喜踊跃，无不誓愿奉行。

寂室禅师的十事开示，岂止参禅者的座右铭，即任何修行均当如此也。

83　悟与不悟

有一学僧，非常恭敬地问慧林慈受禅师道："禅者悟道时，对于悟道的境界和感受，说得出来吗？"

慈受："既是悟的道，说不出来。"

学僧："说不出来的时候，像什么呢？"

慈受："像哑巴吃蜜！"

学僧："当一个禅者没有悟道时，他善于言辞，他说的能够算禅悟吗？"

慈受："既未悟道，说出的怎能算作禅悟呢？"

学僧："因为他讲得头头是道，如果不算作禅悟，那他像什么呢？"

慈受："他像鹦鹉学话！"

学僧："哑巴吃蜜与鹦鹉学话，有什么不同呢？"

慈受："哑巴吃蜜，是知，如人饮水，冷暖自知；鹦鹉学话,是不知,如小儿学话,不解其意。"

学僧:"然则,未悟的禅者,如何说法度生呢?"

慈受:"自己知道的给他知道,自己不知道的不要给他知道。"

学僧:"老师现在是知,抑是不知?"

慈受:"我是如哑巴吃黄连,有苦说不出;也如鹦鹉学讲话,讲得非常像。你说我是知呢?还是不知呢?"

学僧于言下有省。

禅悟之境界是怎么样?这实在是无法说明的,历代祖师用打用骂,硬是不肯说话,佛陀甚至讲,我所说法,皆非佛法,这不是笑话,因为不用言语说的佛法,才是佛法。

佛法、禅心,是自证的境界,是从无分别的平等性智而了知的,这不是黄连,应该是甜蜜,这不是鹦鹉,应该是菩萨。

84　一坐四十年

佛窟惟则禅师，宋朝长安人，少年出家后，在浙江天台山翠屏岩的佛窟庵修行。他用落叶铺盖屋顶，结成草庵，以清水滋润咽喉，每天只在中午采摘山中野果以充饥腹。

一天，一个樵夫路过庵边，见到一个修道老僧，好奇地向前问道："你在此住多久了？"

佛窟禅师回答道："大概已易四十寒暑。"

樵者好奇地再问道："你一个人在此修行吗？"

佛窟禅师点头道："丛林深山，一个人在此都已嫌多，还要多人何为？"

樵夫再问道："你没有朋友吗？"

佛窟禅师以拍掌作声，好多虎豹由庵后而出，樵夫大惊，佛窟禅师速说莫怕，示意虎豹仍退庵后，禅师道：

"朋友很多,大地山河,树木花草,虫蛇野兽,都是我的法侣。"

樵夫非常感动,自愿皈依作为弟子。佛窟对樵者扼要地指示佛法的心要道:"汝今虽是凡夫,但非凡夫;虽非凡夫,但不坏凡夫法。"

樵者于言下契入,从此慕道者纷纷而来,翠屏岩上白云飘空,草木迎人,虎往鹿行,鸟飞虫鸣,成为佛窟学的禅脉。

一坐四十年,用普通的常识看,四十年是漫长的岁月,但证悟无限时间,进入永恒生命的圣者已融入大化之中的惟则禅师,这只不过一瞬之间而已。在禅者的心中,一瞬间和四十年,并没有什么差距。

禅者的悟道中,他所悟的是没有时空的差距,没有人我的分别,没有动静的不同,没有生佛(众生与佛)的观念。

"虽是凡夫,但非凡夫之流",因为人人有佛性,真理之中,绝生佛之假名,哪有是凡夫非凡夫的分别?"虽非凡夫,但不坏凡夫法",禅者悟道,不破坏,另有建立,不坏万法,而已超越万法了。

85　十后悔

有一学僧问云居禅师道:"弟子每做一事,事后总不胜懊悔,请问老师:为什么我有那么多的懊悔呢?"

云居禅师道:"你且先听我的十后悔:

一、逢师不学去后悔,

二、遇贤不交别后悔,

三、事亲不孝丧后悔,

四、对主不忠退后悔,

五、见义不为过后悔,

六、见危不救陷后悔,

七、有财不施失后悔,

八、爱国不贞亡后悔,

九、因果不信报后悔,

十、佛道不修死后悔。

这以上十种后悔，你是哪种后悔？"

学僧摸摸脑袋，无可奈何地说道："老师！看起来这些后悔，都是我的毛病！"

云居禅师道："你知道既是毛病，就要火速治疗呀！"

学僧问道："我就是因为不懂得治疗，所以恳请老师慈悲开示。"

云居禅师开示道："你只要把十后悔中的'不'字改为'要'字就可以了，例如：'逢师要学，遇贤要交，事亲要孝，对主要忠，见义要为，见危要救，有财要施，爱国要贞，因果要信，佛道要修。'这一字的药，你好好服用！"

人的恶习，往往不到黄河不死心，不见棺材不掉泪，假如能慎于始，就不会事后懊悔了。经云："菩萨畏因，众生畏果。"众生总是果报现前时才会后悔，如能够事先予以肯定，即不后悔了。

对好事，太多的否定，当然就会后悔；假如对好事肯定，对坏事否定，那就不会后悔了。

86　大小不二

　　唐朝江州刺史李渤，问智常禅师道："佛经上所说的'须弥藏芥子，芥子纳须弥'未免失之玄奇了，小小的芥子，怎么可能容纳那么大的一座须弥山呢？过分不懂常识，是在骗人吧。"

　　智常禅师闻言而笑，问道："人家说你'读书破万卷'，可有这回事？"

　　"当然！当然！我岂止读书万卷！"李渤一派得意扬扬的样子。

　　"那么你读过的万卷书如今何在？"

　　李渤抬手指着头脑说："都在这里了。"

　　智常禅师道："奇怪，我看你的头颅只有一粒椰子那么大，怎么可能装得下万卷书？莫非你也骗人吗？"

　　李渤听后，脑中轰然一声，当下恍然大悟。

一切诸法,有时从事上去说,有时从理上去解,要知宇宙世间,事上有理,理中有事,须弥藏芥子是事,芥子纳须弥是理,若能明白理事无碍,此即圆融诸法了。

87　快活烈汉

性空禅师,汉州人。出家后,自号妙普庵主,结庐于青龙山野,日常除了修习禅定外,常以吹笛自娱。建元初年,徐明举兵反叛,经过乌镇,纵兵劫掠,滥肆杀戮,百姓逃亡一空。

性空禅师慨然"我不能不救",因而策杖独往贼营。贼首见他貌伟而庄严,以为他有诡异之谋,便大声喝道:"你是什么人?到什么地方去?"

"我是出家人,要到你们贼窝去!"贼首大怒,喝令斩首。

性空禅师毫无惧色,对贼首道:"要头就砍去,不必发怒。不过我还没有吃饭,总不能让我做饿鬼去吧!请给我一顿饭,作为我的送终饭如何?"

贼首叫人拿来猪肉饭菜给他。他也不管是什么,首先一本正经地念起供养咒来，然后和在寺内一样用食如仪。贼众看了，都在一旁发笑。

性空禅师念好供养咒后，又对贼首道："今天我死，什么人为我写祭文呢？"贼首被他这种奇怪的举动，弄得笑起来。

性空禅师望着贼众又说："既然没有人替我作祭文，请给我拿纸笔来，我就自己写吧！"

贼众拿来纸笔，他即从容不迫地大书起来，写了一篇文情并茂的祭文，他还煞有介事地朗诵一遍。读完，拿起筷子再大啖肉饭，贼众看了反而哄然大笑。

吃过饭后，性空禅师对贼首说偈道：

劫数既遭离乱，我是快活烈汉；
如今正好乘时，便请一刀两段。

于是大呼："斩！斩！斩！"

贼首见他如此慷慨豪勇，不禁骇异动容，不仅不杀他，反而向他合掌谢罪，护送他回山。乌镇一地因此得免于难，远近道俗对他愈加敬重。

禅，表现在慧解上容易，表现在慈悲上不容易，像性空禅师，语多禅机，而行又义勇慈悲。他能以般若慈悲，折贼刀剑，故禅者真妙用无穷也。

88　雪霁便行

宋朝德普禅师,性情天赋豪纵,幼年随富乐山静禅师出家,十八岁受具戒后,就大开讲席弘道。两川缁素无人敢于辩难,又因其为人急公好义,时人誉称他为义虎。

宋哲宗元祐五年十月十五日,德普禅师对弟子们说:"诸方尊宿死时,丛林必祭,我以为这是徒然虚设,因为人死之后,是否吃到,谁能知晓?我若是死,你们应当在我死之前先祭。从现在起,你们可以办祭了。"

大众以为他说戏语,因而便也戏问道:"禅师几时迁化呢?"

德普禅师回答:"等你们依序祭完,我就决定去了。"

从这天起,真的煞有介事地假戏真做起来。帷帐寝堂设好,禅师坐于其中,弟子们致祭如仪,上香、上食、诵读祭文，禅师也一一领受飨餮自如。

门人弟子们祭毕，各方信徒排定日期依次悼祭，并上供养，直到元祐六年正月初一日，经过四十多天，大家这才祭完。于是德普禅师对大家说："明日雪霁便行。"

此时，天上正在飘着鹅毛般的雪花。到了次日清晨，飘雪忽然停止。德普禅师焚香盘坐，怡然化去。

悟道的禅师，有一些言行生活，给人一种游戏人间的感觉，其实，禅者岂单游戏人间，连生死之间都在游戏。

在禅者眼中，生固未可喜，死亦不必悲，生和死，不是两回事，生死乃一如也。因为既然有生，怎能无死？要紧的是超越生死，不受生死轮回，如德普禅师，不但预知生死，而且在生死中留下这一段美谈，其不勘破生死而何？

89　我是侍者

南阳慧忠国师感念侍者为他服务了三十年，想有所报答，助他开悟，一天呼唤道："侍者！"

侍者一听国师叫他，立刻回答他道："国师！做什么？"

国师无可奈何地道："不做什么！"

过了一会儿，国师又叫道："侍者！"

侍者立刻回答道："国师！做什么？"

国师又无可奈何地道："不做什么！"

如是多次，国师对侍者改口叫道："佛祖！佛祖！"

侍者茫然不解地反问道："国师！您叫谁呀？"

国师不得已，就明白地开示道："我在叫你！"

侍者不明所以道："国师！我是侍者，不是佛祖呀！"

慧忠国师此时只有对侍者慨叹道："你将来可不要怪

我辜负你,其实是你辜负我啊!"

侍者仍强辩道:"国师!不管如何,我都不会辜负您,您也不会辜负我呀!"

慧忠国师道:"事实上,你已经辜负我了。"

慧忠国师与侍者谁负了谁,且不去论他,但侍者只承认自己是侍者,不敢承担佛祖的称谓,这是非常遗憾的事。禅门讲究"直下承担",所谓心、佛、众生三无差别,而众生只承认自己是众生,不承认自己是佛祖,沉沦生死,无法回家,良可悲也。

无门禅师说:"铁枷无孔要人担,累及儿孙不等闲,欲得撑门并挂户,更须赤脚上刀山。"老国师年高心孤,对侍者用按牛头吃草的方法,使其觉悟,无如侍者只是侍者,不是佛祖耳。

90　国师与皇帝

清朝顺治皇帝有一天特召迎玉琳国师入宫,请示佛法,顺治问道:"《楞严经》中,有所谓七处征心,问心在哪里?现在请问:心在七处?不在七处?"

玉琳国师回答道:"觅心了不可得。"

顺治皇帝:"悟道的人,还有喜怒哀乐否?"

玉琳国师:"什么叫作喜怒哀乐?"

顺治皇帝:"山河大地从妄念生,妄念若息,山河大地还有也无?"

玉琳国师:"如人梦中醒,梦中之事,是有是无?"

顺治皇帝:"如何用功?"

玉琳国师:"端拱无为。"

顺治皇帝:"如何是大?"

玉琳国师:"光被四表,格于上下。"

顺治皇帝:"本来面目如何参?"

玉琳国师:"如六祖所言:不思善,不思恶,正恁么时,如何是本来面目?"

后来顺治皇帝逢人便道:"与玉琳国师一席话,真是相见恨晚。"

顺治皇帝是一个佛法素养很高的皇帝,从他的《赞僧诗》中说的"未曾生我谁是我?生我之时我是谁?长大成人方是我,合眼蒙眬又是谁?不如不来又不去,来时欢喜去时悲。悲欢离合多劳虑,何日清闲谁得知?……"就可以知道他的思想非常契合佛法。

顺治皇帝是一国君主,他甚至羡慕出家为僧的生活,他说:"黄金白玉非为贵,唯有袈裟披肩难;百年三万六千日,不及僧家半日闲。……黄袍换得紫袈裟,只为当年一念差;我本西方一衲子,为何生在帝王家?"他对玉琳国师恭敬,可想而知。

玉琳国师是一位美风仪的高僧,平时喜静,不爱说话,即连帝问佛法,他也简明扼要,不愿多言,使人感到禅门一言,不易求也。

91　虚空眨眼

　　在一次法会上,唐肃宗向南阳慧忠国师请示了很多问题,但禅师却不看他一眼,肃宗很生气地说:"我是大唐天子,你居然不看我一眼?"

　　慧忠国师不正面回答,反而问唐肃宗道:"君王可曾看到虚空?"

　　"看到!"

　　"那么,请问:虚空可曾对你眨过眼?"

　　肃宗无话可对。

　　吾人生活中,所最注意关心的皆人情上事,谁对我好,谁对我坏,每日患得患失,不是计较金钱,就是计较感情,钱关情关之外,还有恭敬关,终日要人赞美,要人行礼,要人看我一眼,比之虚空,虚空不要吾人眨眼,吾人又何必要虚空眨眼?法身真理,犹若虚空,竖穷三际，横遍十方，弥纶八极，包括两仪，随缘赴感，靡不周遍。肃宗不解，难怪南阳国师要问：虚空可曾对你眨眼？

92　有我在

　　云岩昙晟禅师与长沙的道吾圆智禅师，同是药山惟俨禅师的弟子，两人友谊非常亲密。道吾禅师四十六岁时才出家，比云岩大了十一岁。有一天云岩禅师生病，道吾禅师便问道："离却这个壳漏子，向什么处再得相见？"

　　云岩禅师毫不迟疑地道："不生不灭处。"

　　道吾禅师不以为然，提出不同意见道："何不道非不生不灭处，亦不求相见？"

　　道吾禅师说后，也不等云岩的回答，就提起斗笠往外走去，云岩禅师便道："请停一下再走，我要请教你，拿这个斗笠做什么？"

　　道吾禅师答道："有用处。"

　　云岩禅师追问道："风雨来时，作么生？"

道吾禅师答道："覆盖着。"

云岩："他还受覆盖也无？"

道吾："虽然如此，要且无漏。"

云岩病好时，因渴煎茶，道吾禅师问道："你在做什么呢？"

云岩："煎茶。"

道吾："煎茶给谁吃？"

云岩："有一个人要吃。"

道吾："为什么他自己不煎？"

云岩："还好，有我在。"

云岩和道吾是同门兄弟，两人道风不同，道吾活泼热情，云岩古板冷清，但两人在修道上互勉互励，彼此心中从无芥蒂。他们谈论生死，有道在生灭处相见，有道在无生灭处相见。生灭与不生灭，其实在禅者心中均一如也。道吾拿一斗笠，主要是让本性无漏也，房屋漏水，茶杯有漏，皆非好器，人能证悟无漏（远离烦恼），即为完人，病中的云岩，论生死，非常淡然；论煎茶，"还好，有我在"。如此肯定自我，不随生死，不计有无，此即禅之解脱也！

93　参禅法器

　　法远圆鉴禅师在未证悟前,与天衣义怀禅师听说叶县地方归省禅师高风,同往叩参。适逢冬寒,大雪纷飞。同参共有八人来到归省禅师处,归省禅师一见,即呵骂驱逐,众人不愿离开,归省禅师以水泼之,衣褥皆湿。其他六人不能忍受,皆愤怒离去,唯有法远与义怀整衣敷具,长跪祈请不退。

　　不久,归省禅师又呵斥道:"你们还不他去,难道待我棒打你们?"

　　法远禅师诚恳地回答道:"我二人千里来此参学,岂以一勺水泼之便去?就是用棒责打,我们也不愿离开。"

　　归省禅师不得已似的道:"既是真来参禅,那就去挂单吧!"

　　法远禅师挂单后,曾任典座(煮饭)之职,有一次未曾禀告，即取油面做五味粥供养大众。这件事被归省禅师知道后，就非常生气地训斥道："盗用常住之物，私供大众，除依清规责打外，并应依值偿还！"说后，打了法远禅师三十香板，将其衣物钵具估价后，悉数偿还已毕，就将法远赶出寺院。

法远禅师虽被驱逐山门，但仍不肯离去，每日于寺院房廊下立卧。归省禅师知道后，又呵斥道："这是院门房廊，是常住公有之所，你为何在此行卧？请将房租钱算给常住！"说后，就叫人追算房钱，法远禅师毫无难色，遂持钵到市街为人诵经，以化缘所得偿还。

事后不久，归省禅师对众教示道："法远是真正参禅的法器！"并叫侍者请法远禅师进堂，当众付给法衣，号圆鉴禅师！

浮山法远禅师，一生得力之处，就是"为法忍耐"，用现代的话说，就是经得起考验。归省禅师不接受他挂单，骂他、打他、用水泼他，甚至罚他变卖衣单，补偿公款，即使睡在走廊檐下，也要房租，这一切都无法打退他千里求法的心愿。难怪最后连归省禅师都赞他是法器了。

看今日学子青年，名曰参学，若食住待遇不好，则急急忙忙他去；若人情礼貌不够，则愤愤恨恨离开，比之法远禅师，良可慨也。

94　不着相

景岑禅师,长沙人,是南泉禅师的弟子,由于谈禅论道,机锋敏捷,同道们均尊称他为"虎和尚"。

有一年仲秋,景岑禅师与仰山禅师一起在赏月,仰山禅师指着天空说道:"这个大家都有,只因无明,不能充分使用。"

景岑禅师不以为然地道:"既然大家都有,怎么会没有人充分使用?恰巧今天机缘会合,这大好明月,正在等你使用,试试看!"

仰山禅师道:"那是很有趣味的,用一用月光,请法座先试看!"

景岑禅师毫不客气,奋身跳起来,踢倒仰山禅师,仰山禅师非但不生气,反而赞叹道:"真像大虫!"(后来大家都称景岑禅师为"岑大虫",亦即虎和尚之谓。)

又一次,景岑禅师游山归来,至门口,仰山禅师问道:"禅师什么处去来?"

景岑禅师回答道:"游山来!"

仰山仍然追问:"游什么山处来?"

景岑禅师道:"始随芳草去,又逐落花回。"

仰山大为赞赏道:"大似春意!"

景岑禅师道:"也胜秋露滴芙渠(荷叶)。"

仰山禅师最初说吾人心为皎月,只是云遮月隐,被无明烦恼蒙蔽了心灵,景岑却说一切在于个人,只要有禅,就能云飞月显,仰山请他利用一下月亮,景岑立即将他推倒,意思是在禅月交辉之下,还要你多言?一句"真像大虫",意即禅能静能动,禅力犹如狮虎也。

景岑由外归来,仰山问他到哪里去,"始随芳草去,又逐落花回",这说明了禅人来去,顺于自然,合乎法性,你说是"春意",难道"秋心"不好吗?这就是禅者明乎一切法,用于一切法,不舍一切法也。

95　活水龙

梁山缘观禅师是宋初人,住湖南梁山,付法于大阳警玄禅师,有偈云:

梁山一曲歌,格外人难和;
十载访知音,未尝逢一个。

有一天,一个学僧来向他请示道:"知音难逢,是人生的憾事;但家贼难防,更是吾人的困扰。如何提防家贼?请师道一句!"

缘观禅师答道:"认识他、了解他、变化他、运用他,何必防他?"

学僧问道:"家兵家将容易使用,家贼如何用他?"

缘观禅师答道:"请他住在无生国里。"

学僧进一步问道:"难道说连安身立命之处也无吗?"

缘观禅师道："死水不藏龙。"

学僧问道："那么，什么是活水龙？"

缘观禅师道："兴云不吐雾。"

学僧不放松，再问道："忽遇兴云致雨时如何？"

缘观禅师下床把住学僧道："莫教湿却老僧的袈裟！"并以偈开示道：

> 赫日犹亏半，乌沉未得圆，
> 若会个中意，牛头尾上安。

王阳明先生曾是禅门的高手，他说："防山中之贼易，防心中之贼难。""心如国王能行令，心如冤家实难防。"当吾人真正的禅心未找到时，无名的妄心，确实不易预防。但缘观禅师说得好，识他、解他、化他、用他，不必防他！正如国家边防之患难除，而诸葛孔明对孟获七擒七纵，用化他之法，才能永绝后患。

心，住在哪里才好？无生国就是无住生心，以无住而住。心不能安住在五蕴之身或六尘之境上，因为这死水里不能藏龙。"假如真龙兴云致雨，不可湿却老僧的袈裟"，意即干净利落，不可拖泥带水。"日有升沉，月有圆缺"，你能从生灭中，会意安住那不生不灭的真心，也就天下太平了。

96　百年一梦

金山昙颖禅师,浙江人,俗姓丘,号达观,十三岁归投到龙兴寺出家,十八岁时游京师,住在李端愿太尉花园里。有一天,太尉问他道:"请问禅师,人们常说的地狱,毕竟是有呢?抑是无呢?"

昙颖禅师回答道:"诸佛如来说法,向无中说有,如眼见空华,是有还是无;太尉现在向有中觅无,手揞河水,是无中现有,实在堪笑。如人眼前见牢狱,为何不心内见天堂?忻怖在心,天堂地狱都在一念之间,善恶皆能成境,太尉但了自心,自然无惑。"

太尉:"心如何了?"

昙颖:"善恶都莫思量。"

太尉:"不思量后,心归何所?"

昙颖:"心归无所,如《金刚经》云:'应无所住,而生其心。'"

太尉:"人若死时,归于何处?"

昙颖:"未知生,焉知死?"

太尉:"生则我早已知晓。"

昙颖:"请道一句,生从何来?"

太尉正沉思时,昙颖禅师用手直捣其胸曰:"只在这里思量个什么?"

太尉:"会也,只知贪程,不觉蹉跎。"

昙颖:"百年一梦。"

太尉李端愿当下有悟,而说偈曰:

> 三十八岁,懵然无知;
> 及其有知,何异无知?
> 滔滔汴水,隐隐隋堤;
> 师其归矣,箭浪东驰。

生从何来?死往何去?这是一般人经常想到的问题,甚至不少人都在探究的问题,但都没有人揭破这个谜底。释迦牟尼佛和历代禅师们道出了原委,又不易为人了解。生命有隔阴之谜,意即换了身体就不知过去一切,故千古以来,生命之源,一直众说纷纭,莫衷一是。其实生命的形相虽千差万别,而生命的理性则一切平等,佛教的缘起性空、三法印、业识、因果等的义理能通达明白,则生从何来?死归何处?即不问可知了。

97　到了龙潭

德山禅师本是北方讲经说法的大师，因不满南方禅门教外别传的说法，携带自著的《金刚经青龙疏钞》南来抗辩，才到南方就受到一位老婆婆的奚落，自此收敛起狂傲的心。他问老婆婆，近处有什么宗师可以前去参访？老婆婆就告诉他在五里外，有一位龙潭禅师，非常了得。

德山禅师到了龙潭，一见龙潭禅师就迫不及待地问道："这是什么地方？"

龙潭禅师回答道："龙潭。"

德山禅师一惊，逼问道："既名龙潭，我在此巡回既不见龙，又不见潭，这是何故？"

龙潭禅师就直截了当地告诉德山禅师道："你非常辛苦，你已到了龙潭！"

这天夜里，德山向龙潭禅师请益，站在龙潭禅师座前久久不去，龙潭禅师说道："夜已很深，你为何还不下去！"

德山道过晚安，告辞回去，走到门口，又再回来，说道："外面实在太黑，学生初到，不知方向。"

龙潭禅师就点燃了一支蜡烛给他，正当德山伸手来接时，龙潭禅师就把火烛吹灭，德山到此忽然大悟，立刻跪下来，向龙潭禅师顶礼，龙潭禅师问道："你见到个什么？"

德山禅师回答道："从今以后，我对天下所有禅师的舌头，都不会再有所怀疑了。"

第二天，德山禅师遂将《疏钞》取出焚烧，当火焰上升时，他道："穷诸玄辩，若一毫致于太虚，竭世枢机，似一滴投于巨壑。"

经典，再究竟的讲说，仍是分别知识；禅门无言，终究是无分别心的证悟。夜晚，是黑暗的，点了烛火又再吹灭，这意味着外在的光亮熄灭以后，内心的禅光就会亮起来了。这个禅光，看清楚了真我，所谓语言文字，分别意识都是大海一滴了。

98　禅非所知

智闲参沩山禅师,沩山问道:"听说你在百丈禅师处问一答十,问十答百,是真的吗?"

智闲:"不敢。"

沩山:"这是世间上聪明的辩解,对了生脱死,毫无助益,现在我问你:如何是父母未生前本来面目?"

智闲茫然不知如何回答,沉思甚久,故请示道:"请禅师为我解说。"

沩山:"我知道的,那是我的,不干你事,我若为你说破,你将来眼睛开时,会骂我的。"

智闲不得已,回寮翻遍所有经典,想从中找寻答案,但始终都不可得,故发誓说:"今生再也不研究佛学了,做个到处行脚的云游僧吧!"

智闲于是辞别沩山,到南阳慧忠国师处参学。有一天,正在铲草时,偶然抛一块瓦砾,击中竹子,发出清脆的一声,智闲因而大悟。于是便回房沐浴焚香遥拜沩山禅师道:"老师!您对我恩惠胜于父母。如果您那时为我说破这个秘密,哪有今天的顿悟?"

故写一诗偈寄给沩山禅师。偈云:

　　一击忘所知,更不假修持;
　　动容扬古道,不堕悄然机。
　　处处无踪迹,声色外威仪;
　　诸方达道者,咸言上上机。

禅,不从慧解入门,而从体悟下手。禅,不是言语说的,不是文字写的,各人说的是各人的,各人写的是各人的。禅,离开语言文字,向上一着,当可透个消息,参!

99　割耳救雉

智舜禅师，唐代人，一向在外行脚参禅。有一天，在山上林下打坐，忽见一个猎人打中一只野鸡，野鸡受伤逃到禅师座前，禅师以衣袖掩护着这只虎口逃生的小生命。不一会儿，猎人跑来向禅师索讨野鸡："请将我射中的野鸡还给我！"

禅师带着耐性，无限慈悲地开导着猎人："它也是一条生命，放过它吧！"

"你要知道，那只野鸡可以当我的一盘菜哩！"

猎人一直和禅师纠缠，禅师无法，立刻拿起行脚时防身的戒刀，把自己的耳朵割下来，送给贪婪的猎人，并且说道："这两只耳朵，够不够抵你的野鸡，你可以拿去做一盘菜了。"

猎人大惊，终于觉悟到打猎杀生乃最残忍之事。

为了救护生灵，不惜割舍自己的身体，这种"但为众生得离苦，不为自己求安乐"的德性，正是禅师慈悲的具体表现。禅者，不是逃避社会，远离人群，禅者的积极舍己救人的力行，从智舜禅师的割耳救雉，可见一斑矣。

100　除却心头火

有一个久战沙场的将军，已厌倦战争，专程到大慧宗杲禅师处要求出家，他向宗杲道："禅师！我现在已看破红尘，请禅师慈悲收留我出家，让我做你的弟子吧！"

宗杲："你有家庭，有太重的社会习气，你还不能出家，慢慢再说吧！"

将军："禅师！我现在什么都放得下，妻子、儿女、家庭都不是问题，请您即刻为我剃度吧！"

宗杲："慢慢再说吧！"

将军无法，有一天，起了个大早，就到寺里礼佛，大慧宗杲禅师一见到他便说："将军为什么起得那么早就来拜佛呢？"

将军学习用禅语诗偈说道："为除心头火，起早礼师尊。"

禅师开玩笑地也用偈语回道:"起得那么早,不怕妻偷人?"

将军一听,非常生气,骂道:"你这老怪物,讲话太伤人!"

大慧宗杲禅师哈哈一笑道:"轻轻一拨扇,性火又燃烧,如此暴躁气,怎算放得下?"

放下!放下!不是口说放下就能放下,"说时以悟,对境生迷",习气也不是说改就能改的,"江山易改,习性难除",奉劝希望学道入僧者,莫因一时之冲动,贻笑他人也。

101　不如小丑

　　白云守端在杨岐方会禅师处参禅时,久久不悟,杨岐挂念,很想方便开导。有一天,杨岐方会禅师问守端以前拜过谁为老师,守端回答:"茶陵郁山主。"

　　杨岐又问道:"我听说茶陵郁山主是因为跌了一跤而大悟,写了一首偈,你知道吗?"

　　白云守端:"知道!那诗偈是这样的:'我有明珠一颗,久被尘劳封锁;今朝尘尽光生,照破山河万朵。'"

　　杨岐听了之后,便发出怪声,呵呵地笑着走了。守端却因方会老师的一笑,饭食不思,整夜失眠。第二天便至法堂请示方会禅师,为何一听到茶陵郁山主的诗偈便发笑不已。

　　杨岐:"昨天下午你可看到寺院前,马戏班玩猴把戏的小丑吗?"

守端:"看到了。"

杨岐:"你在某方面实在不如一个小丑。"

守端:"为什么呢?"

杨岐:"因小丑的种种动作,就是希望自己博得别人一笑,而你却怕别人笑。"

一个人的认识不够,心中不能自主,就会经常受外境的影响。别人的一句赞美,自己就会洋洋得意;别人的一句谤言,自己就会怨恨嗔怒;所以自己喜乐忧苦,全为别人左右,可说已失去自己。杨岐方会禅师的一笑,还不够吾人觉悟吗?

102　茶饭禅

　　唐朝龙潭崇信禅师，跟随天皇道悟禅师出家，数年之中，打柴炊爨，挑水做羹，不曾得到道悟禅师一句半语的法要。一天乃向师父说："师父！弟子自从跟您出家以来，已经多年了。可是一次也不曾得到您的开示，请师父慈悲，传授弟子修道的法要吧！"

　　道悟禅师听后立刻回答道："你刚才讲的话，好冤枉师父啊！你想想看，自从你跟随我出家以来，我未尝一日不传授你修道的心要。"

　　"弟子愚笨，不知您传授给我什么？"崇信讶异地问。

　　"你端茶给我，我为你喝；你捧饭给我，我为你吃；你向我合掌，我就向你点头。我何尝一日懈怠，不都在指示心要给你吗？"崇信禅师听了，当下顿然开悟。

从这一则师徒问答之中,可以了解禅就是生活。日常生活的搬柴运水、喝茶吃饭,无不蕴藏无限的禅机。

103　人的声气

有一学僧请示盘珪禅师道："我有一个天生的毛病——气短心急，曾受师父指责，我也知错要改，但因心急已成为习气，始终没有办法纠正，请问禅师，您有什么办法帮我改正习气呢？"

盘珪禅师非常认真地答道："你心急的习气，如果能拿出来，我帮你改正。"

学僧道："现在不会心急，有时会忽然跑出来。"

盘珪微微一笑道："那么，你的心急，时有时无，不是习性，更不是天性；是你触境而生的，本来没有，因境而生。若说父母生给你的，你是太不孝了；父母生给你的，只有佛心，其他没有。"

盘珪禅师一生接待学人，不说佛法，不说禅法，只是要求你自己应具有的佛心和高贵的功德。

后来，盘珪禅师圆寂后，一位住在寺院旁的盲人对参禅的学僧说道："我虽是瞎子，看不到对方的面孔，但却能从对方说话的声音判断他的性格。通常，我不但可以在一个人对幸福者或成功者的祝福语中，听出他的嫉妒声气，也可从他对不幸者或失败者所发出的安慰语中，探出他的得意和满足声气，仿佛他可从那些慰祝之言中得到许多的利益似的。但是，在我所有的体会中，盘珪禅师对人说话的声气始终是真诚无伪。每当他向人宣示快慰之情时，我只听到快慰的声气；而当他向人一吐愁肠时，我只听到愁苦的声气。那种声气，完全从他的佛心中流露出来的，那佛心，就是他父母生的。"

学僧听后，一面否认盲者的话，一面赞美盘珪禅师道："我们老师的佛心，不是父母生的，那是他本有的。"

把一切好的都归之于父母生的，这会失去自己的本性；把一切坏的都归之于父母生的，这也会被说为不孝。好和坏，是习性，不是本性，既非与生俱来，也非父母所生。设有人问："佛陀是谁生的？"答以"佛陀是摩耶夫人生的"，此话错也。悉达多太子是摩耶夫人生的，而佛陀则是从般若生也，所谓"般若为三世诸佛之母"，即此义也。

104　浮生梦中

　　杭州西湖喜鹊寺的鸟窠禅师,本名道林,九岁出家,于陕西韬光禅师门下当侍者而悟道。后来独自到秦望山,在一棵枝叶非常茂盛、盘屈如盖的松树上栖止修行,好像小鸟在树上结巢一样,所以时人皆称他为鸟窠禅师。

　　大文豪白居易非常敬仰鸟窠禅师的道行,有一次特地前来请示禅师,并用诗偈问道:

　　　　特入空门问苦空,敢将禅事问禅翁;
　　　　为当梦是浮生事,为复浮生是梦中?

　　鸟窠禅师也用诗偈回答道:

　　　　来时无迹去无踪,去与来时事一同;
　　　　何须更问浮生事,只此浮生是梦中。

人生如幻如化，短暂如朝菌，但是如果体悟到"无生"的道理，超越"去""来"的限制和对待，生命就能在无尽的空间中不断地绵延扩展，不生亦不灭。

后来，白居易在佛法中找到安身立命之处，成了在家弟子，遍访名山高僧，晚年素食，并且舍宅为寺，定名香山寺，自号香山居士，尤醉心于念佛，时常吟诗作偈，表达他信佛有得之心境，如：

爱风岩上攀松盖，恋月潭边坐石棱；
且共云泉结缘境，他日当做此山僧。

诗中充满悠闲、飘游的意境，实是生活在禅的世界中。

白居易皈依鸟窠禅师，不但成为在家学佛的优婆塞，甚至从他的诗中还发现他来生出家为僧的意思。白居易不但参禅，他晚年修习净土念佛更是认真，他有一首念佛吟说："余年近七十，不复事吟哦；看经费眼力，作福畏奔波。何以慰心眼？一句阿弥陀；朝也阿弥陀，晚也阿弥陀；纵饶忙似箭，不离阿弥陀。达人应笑我，多却阿弥陀；达也作么生，不达又如何？普劝法界众，同念阿弥陀。"

白居易从禅到净，再禅净双修，他的生活就更充实丰富了。

105　一杯茶

稽山章禅师还是一个云水僧时,在投子禅师座下参禅,并领了柴头的职事。

有一天,章禅师做完工作之后,在庭院里碰到投子禅师,投子禅师以一杯茶慰劳他,一面斟茶,一面问道:"这杯茶如何?"

章禅师双手接过茶后,说道:"这杯茶,可以说森罗万象都在这里!"

投子禅师道:"森罗万象都在这里,如此说来,这是一杯非比寻常的茶,假若随随便便喝下去,谁知有何严重的后果?"

稽山章禅师有恃于自己对禅的心得,在禅师尚未说完话时,就突然把茶泼掉,并且机锋严厉地说道:"森罗万象在什么地方?"

章禅师自以为表现了灵敏的禅机，而投子禅师这时轻言慢语，非常平静地说道："可惜！一杯茶。"

章禅师转变话锋，道："这只是一杯茶！"

投子禅师不放过章禅师，以他的话重复道："虽然只是一杯茶，森罗万象都在这里！"

稽山章禅师终于无话可说。

一杯茶的内容，可以说很不简单。先是培养一棵茶苗，要它成长，不断地灌溉、施肥，所谓阳光、空气、水，可说一棵茶苗集合了宇宙万有的力量才能生长，岂非森罗万象都在一杯茶中？当初佛陀于一毫端中现宝王刹，蜗牛角上藏有大千世界，弱水三千，我只取一瓢饮。喝一杯茶的后果，岂不严重吗？

无如章禅师虽有见解，但不肯定，唯有投子禅师彻头彻尾全始全终，认定宇宙就是一杯茶，一杯茶就是宇宙的心。

106　敬钟如佛

钟,是佛教丛林寺院里的号令,清晨的钟声是先急后缓,警醒大众,长夜已过,勿再放逸沉睡。而夜晚的钟声是先缓后急,提醒大众觉昏衢,疏昏昧。故丛林的一天作息,是始于钟声,止于钟声。

有一天,奕尚禅师从禅定中起来时,刚好传来阵阵悠扬的钟声,禅师特别专注地竖起心耳聆听,待钟声一停,忍不住召唤侍者,询问道:"早晨司钟的人是谁?"

侍者回答道:"是一个新来参学的沙弥。"

于是奕尚禅师就要侍者将这沙弥叫来,问道:"你今天早晨是以什么样的心情在司钟呢?"

沙弥不知禅师为什么要这么问他,他回答道:"没有什么特别心情!只为打钟而打钟而已。"

奕尚禅师道:"不见得吧?你在打钟时,心里一定念着些什么,因为我今天听到的钟声,是非常高贵响亮的声音,那是正心诚意的人才会发出的声音。"

沙弥想了想,然后说道:"报告禅师!其实也没有刻意念着,只是我尚未出来参学时,家师时常告诫我,打钟的时候应该要想到钟即是佛,必须要虔诚、斋戒,敬钟如佛,用如如入定的禅心,和用礼拜之心来司钟。"

奕尚禅师听了非常满意,再三地提醒道:"往后处理事务时,不可以忘记,都要保有今天早上司钟的禅心。"

这位沙弥从童年起,养成恭谨的习惯,不但司钟,做任何事,动任何念,一直记着剃度师和奕尚禅师的开示,保持司钟的禅心,他就是后来的森田悟由禅师。

奕尚禅师不但识人,而且能从钟声里听出一个人的品德,这也由于他自己是有禅心的人。谚云:"有志没志,就看烧火扫地""从小一看,到老一半"。森田沙弥虽小,连司钟时都晓得敬钟如佛的禅心,难怪长大之后,成为一位禅匠!可见凡事带几分禅心,何事不办?

107　比自己优秀

峨山慈棹禅师在月船禅慧禅师处得到印可,月船就对他说道:"你是大器,至今终能成就。从今以后,天下人莫能奈你何,你应再发心参访善知识,不要忘记行脚云游是禅者的任务。"

有一年,峨山听说白隐禅师在江户的地方开讲《碧岩录》,便到江户参访白隐禅师,并呈上自己的见解,谁知白隐禅师却说道:"你从恶知识处得来的见解,许多臭气熏我!"

于是,便把峨山赶出去,峨山不服,再三入室,三次都被打出来。峨山心想:我是被印可的人,难道白隐禅师看不出我有实悟?或许是在考验我吧!便再去叩禅师的门说道:"前几次都因我的无知,而触犯了禅师,愿垂慈诲,我一定虔心纳受。"

白隐禅师道:"你虽担一肚皮禅,到生死岸头,总无着力,如果要痛快平生,须听我'只手之声'(参一只手所发出的声音)!"

因此,峨山便在白隐禅师座下随侍四年,在峨山三十岁那年终于开悟。

峨山是白隐禅师晚年的高足,峻机妙用,大振白隐的门风。后来年老时,在庭院外整理自己的被单,信徒看到,觉得奇怪,便问道:"禅师!您有那么多的弟子,这些杂事为什么要您亲自整理呢?"

峨山禅师道:"杂事,年老人不做,那要做什么?"

信徒说道:"年老人可以修行呀!"

峨山禅师非常不满意,反问道:"你以为处理杂务就不是修行吗?那佛陀为弟子穿针,为弟子煎药,又算什么呢?"信徒终于了解到生活中的禅。

一般人最大的错误,就是把做事与修行分开。其实,如黄檗禅师开田、种菜,沩山禅师合酱、采茶,石霜禅师磨麦、筛米,临济禅师栽松、锄地,雪峰禅师砍柴、担水,其他还有仰山的牧牛,洞山的果园,云门的担米,玄沙的植林等等,这在在说明,禅在生活中也。

108　本来面目

香严智闲禅师是百丈禅师的弟子,饱学经论,后来参学师兄灵祐禅师。一天,灵祐对他说:"听说你一向博学多闻,我问你,父母未生我之前的本来面目是什么?"

智闲禅师一时语塞,回到住处,翻遍了书本,也找不到答案,再回来对禅师说:"和尚慈悲,请您开示我,什么是父母未生前的本来面目?"

沩山灵祐禅师斩钉截铁地说:"我不能告诉你,因为我告诉你答案的话,那仍然是我的东西,和你不相干,我告诉了你,你将来会后悔,甚至会埋怨我的。"

智闲禅师一看师兄不指示他,伤心地把所有经典烧毁,从此就到南阳白崖山去看守慧忠国师的坟墓,昼夜六时如哑巴吞含火珠地思考这疑团,一天在田园除草,忽然锄头碰到石头,咯嗒一声,顿然身心脱落,而大彻大悟，于是沐浴焚香，对着沩山遥拜着说："和尚您实在太慈悲了，假如当初您告诉了我，我就没有今日的喜悦了！"

禅的悟不是别人给我们的，是要我们自己去心领神会的。

109　不复再画

月船禅师是一位善于绘画的高手,可是他每次作画前,必坚持购买者先行付款,否则决不动笔,这种作风,社会人士经常有微词批评。

有一天,一位女士请月船禅师帮她作一幅画,月船禅师问道:"你能付多少酬劳?"

"你要多少就付多少!"那女子回答道,"但我要你到我家去当众挥毫。"

月船禅师允诺跟着前去,原来那女子家中正在宴客,月船禅师以上好的毛笔为她作画,画成之后,拿了酬劳正想离开,那女士就对宴桌上的客人说道:"这位画家只知要钱,他的画虽画得很好,但心地肮脏;金钱污染了它的善美。出于这种污秽心灵的作品是不宜挂在客厅的,它只能装饰我的一条裙子。"

说着便将自己穿的一条裙子脱下,要月船禅师在它后面作画。

月船禅师问道:"你出多少钱?"

女士答道:"哦,随便你要多少。"

月船开了一个特别昂贵的价格,然后依照那位女士的要求画了一幅画,画毕立即离开。

很多人怀疑,为什么只要有钱就好?受到任何侮辱都无所谓的月船禅师,心里是何想法?

原来,在月船禅师居住的地方常发生灾荒,富人不肯出钱救助穷人,因此他建了一座仓库,贮存稻谷以供赈济之需。又因他的师父生前发愿建寺一座,但不幸其志未成而身亡,月船禅师要完成其志愿。

当月船禅师完成其愿望后,立即抛弃画笔,退隐山林,从此不复再画。他只说了这样的话:"画虎画皮难画骨,画人画面难画心。"钱,是丑陋的;心,是清净的。

有禅心的人,不计人间毁誉,像月船禅师,以自己的艺术素养,求取净财救人救世,他的画不能以一般画来论,应该称为禅画了。因为他不是贪财,他是舍财,可是世间有多少人能懂得这种禅心呢?

110　身心自在

有一年,临济禅师在夏安居(夏季的四月十五日至七月十五日三个月中,不得随便外出的禁足修行)的半途,破禁而出,跑到黄檗山,去找老师黄檗希运禅师。

到了山上,看到黄檗禅师正在佛前诵经,他觉得很奇怪,便说道:"以前我一直以为老师是一个伟大的人物,但今天一见,原来老师也只不过是一个念经的和尚而已。"

黄檗禅师不辩解什么,只留临济禅师住下来,但临济认为老师也像一般人以音声求佛,以身相求佛,甚为不满,因此住了几天,便又要告假下山。

黄檗禅师道:"你在夏安居的中途就来到这儿,已经是违犯禁戒了,现在夏安居时期还没有结束,你又要离去?"

临济禅师道："我来此本意只是想给老师请安,作一个短期的参访,现已做到,不走又何?"

黄檗禅师听后,举手便打,打后,又把临济禅师驱赶出去。

临济禅师走了好几里路,心中觉得这样匆忙地离去,确实不好,于是他又回到黄檗山,请老师继续打他,但黄檗禅师立刻将双手袖起来,就是不肯出掌。

有一天,结束安居,临济禅师要辞别时,黄檗禅师问道："你准备往哪里去?"

临济禅师回答道："不是河南,便是河北。"

黄檗禅师听后,举起手来就要打临济,临济禅师立刻用左手接着,并且以右手反打了老师黄檗一掌。黄檗禅师被打得哈哈大笑,随即给予临济印可道："很好!很好!你有来处,也有去处,现在,河南你可以去,河北也可以去。"

临济义玄在黄檗希运禅师座下参禅,三年中给黄檗打了三次,后来向大愚禅师诉说被打之事,真是罪过。而大愚则劝慰他道："黄檗老婆心切,如此呵护你,怎可说是罪过?"临济终于言下大悟,即至后来反打黄檗,黄檗哈哈大笑,意谓临济已了解他的心意,既已印心,则东西南北均可去也。

111　锁虚空

金碧峰禅师自从证悟以后,能够放下对其他诸缘的贪爱,唯独对一个吃饭用的玉钵爱不释手,每次要入定之前,一定要先仔细地把玉钵收好,然后才安心地进入禅定的境界。

有一次,阎罗王因为他的世寿已终,应该把业报还清,便差几个小鬼来捉拿禅师。但金碧峰预知时至,想和阎罗王开个玩笑,就进入甚深禅定的境界里,心想,看你阎罗王有什么办法。几个小鬼左等右等,等了一天又一天,都捉拿不到金碧峰;眼看没有办法向阎罗王交差,就去请教土地公,请他帮忙想个计谋,使金碧峰禅师出定。

土地公想想,说道:"这位金碧峰禅师最喜欢他的玉钵,假如你们能够想办法拿到他的玉钵,他心里挂念,就会出定了。"

小鬼们一听，就赶快找到禅师的玉钵，拼命地摇动它；禅师一听到他的玉钵被摇得嘭嘭地响，心一急，赶忙出定来抢救。小鬼见他出定，就拍手笑道："好啦！现在请你跟我们去见阎罗王吧！"

金碧峰禅师一听，了知一时的贪爱几乎毁了他千古慧命，立刻把玉钵打碎，再次入定，并且留下一首偈曰：

若人欲拿金碧峰，除非铁链锁虚空；
虚空若能锁得住，再来拿我金碧峰。

当下进入了无住涅槃的境界。

金碧峰禅师能和业力挑战，能和阎罗王开玩笑，他是自以为有"自受用三昧"，在自受用三昧里，他能灭除时空、人我、生死等一切对待，才不受后有，假如对钵起了爱憎，这是在境界上起了涉境心，生死就会现前，小鬼就可捉拿，所幸金碧峰禅功深厚，立刻进入自受用三昧，安住在自性无住之内，真心和虚空融为一体，所以他能自豪说"虚空若能锁得住，再来拿我金碧峰"。

112　鸟窠与白居易

有一天，大文豪白居易去拜访鸟窠道林禅师，他看见禅师端坐在鹊巢边，于是说："禅师住在树上，太危险了！"

禅师回答说："太守！你的处境才非常危险！"

白居易听了不以为然地说："下官是当朝重要官员，有什么危险呢？"

禅师说："薪火相交，纵性不停，怎能说不危险呢？"意思是说官场浮沉，钩心斗角，危险就在眼前。

白居易似乎有些领悟，转个话题又问道："如何是佛法大意？"

禅师回答道："诸恶莫做，众善奉行！"

白居易听了，以为禅师会开示自己深奥的道理，原来是如此平常的话，感到很失望："这是三岁孩儿也知道的道理呀！"

禅师说："三岁孩儿虽道得，八十老翁行不得。"

这首七佛通偈看起来虽然稀松平常，可是又有几人能够做得到呢？如果人人能够消极地不为恶，并且积极地行善，人间哪里还有邪恶？社会哪里不充满爱心和乐呢？因此白居易听了禅师的话，完全改变他那自高自大的傲慢态度。

113　真心不昧

天龙寺的梦窗国师，曾担任七朝的帝师，久受朝廷恩典，更受社会大众和佛教徒的爱戴。有一天，在入京的途中，经过妙心寺，顺道去拜访关山禅师。

关山禅师听到梦窗国师来访，连忙披上一件附有环藤的破旧袈裟，一路跑到山门外来迎接，二人晤谈得非常高兴。但是，在关山这个贫穷的寺庙里，实在是没有什么东西好招待国师，不得已，关山禅师就从砚盒中取出几文钱，叫侍者就近买些烧饼供养国师，国师非常感激关山禅师的心意，也就不客气地吃完烧饼再离开。

平常梦窗国师进入皇宫时，总有很多随从跟随，非常壮观。有一天，宫中宣召，梦窗乘着轿子又经过妙心寺门前时，见到关山禅师正独自在扫庭院，他不把那些落叶丢弃，而是聚集起来当作柴烧。

梦窗见到这种情景以后，不禁对身边侍者叹息道："我的宗门被关山夺去了！"

关山禅师每次去拜访梦窗国师时，必定先在寺前的小溪流洗脚，以免双脚带上泥土，而玷污了天龙寺华丽的殿堂。后来，梦窗国师吩咐天龙寺的学僧特地搬了一块平平的大石头，放在溪边洗脚的地方，以便关山禅师洗脚时方便一些。

许久以后，关山禅师才知道这块大石头是梦窗国师叫人放的，不禁喟然叹曰："国师到底是国师，他宗门的基础比这块大石头还要坚而且硬。"

现在在妙心山内的大龙院还保存着这块"关山国师洗脚石"。

佛法在恭敬中求，佛法从生活里修。关山禅师奉行到极致。亲自洒扫庭院，固然是勤劳，不丢弃落叶，也是惜福爱物。砚台盒里铜钱，比金块宝贵，烧饼的味道比什么佳肴更好。如此真心的尊敬，甚至拜访，都要洗脚而前，关山禅师的作为，折人于恭敬中，难怪梦窗国师要说他的宗门风格不及关山禅师了。

114　你就是佛

一天，灵训禅师前来参访归宗禅师。

灵训禅师请问归宗禅师说："禅师！什么是佛呢？"

归宗禅师十分为难地望着灵训禅师说："这不可以告诉你，告诉你，你是不会相信的。"

灵训禅师听后马上说："不！禅师！我是诚诚恳恳地来向您问道，您的话，我怎敢不相信呢？"

归宗禅师点点头说："好！你既然肯相信，你靠过来，我告诉你！"然后归宗禅师把嘴巴贴在灵训禅师的耳朵上，细声地告诉他说："你就是佛啊！"

灵训禅师听后，先是一愣，然后放声大笑说："我就是佛！哈！哈！我就是佛！"

这个公案告诉我们"道"不必到外界去追求，无须心外去寻觅，因为道就在每个人的内心。心外求法就好比骑驴寻驴,缘木求鱼。事实上,每个人都与生具有佛性,"佛在灵山莫远求,灵山就在汝心头"。不要舍弃自心的灵山,要向自我内心去提炼自性的宝藏。

115　情与无情

晦堂祖心禅师，号宝觉，广东南雄邬氏子。曾亲近过黄龙惠南禅师，平时与文人黄山谷私交甚为密切。有一天，黄山谷前来谈论禅道，晦堂禅师问道："孔子不为二三子隐，这可能与禅法不说破相同，你认为呢？"

黄山谷回答道："这个，我也不太清楚。"

后来两人一起去巡山，看到满山满谷百花开放，花香扑鼻。

晦堂禅师又问道："怎么样？闻到花香了吗？"

黄山谷答道："闻到了，好香啊！"

晦堂禅师别有所指地说道："所以说嘛，我并没有对你隐瞒什么！"

黄山谷似懂非懂的，两人巡山以后，归来午餐，黄山谷忽然问道："禅师！经云'有情无情同圆种智'，此话当真?"

晦堂禅师答道:"此话本真,但因出之你口,所以非真。"

黄山谷不解似的问道:"这为什么呢?"

晦堂禅师不回答黄山谷的话,此时刚好有一只狗趴在桌子底下,晦堂禅师随手用筷子打狗,狗"汪"的一声跑掉了。禅师也用筷子打了桌子一下,这才以问代答道:"狗属有情,遭打即跑,桌子则为无情,任打仍在,情与无情,如何得成一体?"

黄山谷茫然不知所对。

但禅师又随口更正道:"山有山神,水有水神,花有花神,树有树神,大地山河无尽妙用。青青翠竹无非般若,郁郁黄花皆是妙谛;故情与无情,当能同圆种智也。"

晦堂禅师的话,听得黄山谷疑云满腹,认为禅师的话,前后矛盾,禅师总结道:"才涉思惟,即非禅道,何曾万物为己哉?"黄山谷终于有所契悟。

吾人身心生活的空间,面对森罗万象的世间,生公说法,顽石点头,这是有情对无情的说法;净土里的花树水鸟说法,这是无情对有情的说法。看到流水,顿觉光阴迅速;看到落花,兴起无常之感。所以吾人不必将自己孤立，将情与无情分开，应该相互的调和，相互的存在，因为一切都流露自法性之内，花香鸟语，一切都没有隐瞒什么，禅心慧眼还不能开吗？

116　金箔布施

在一个严寒的冬夜里，有一个乞丐以颤抖的手去敲荣西禅师的庵室，泫然欲泣地诉说道："禅师！我的妻子与子女已经多日未进粒米，我尽其所能地想给她们暖饱，始终不能办到，连日来的霜雪致使我的旧疾复发，现在我实在是精疲力竭了，如果再这样下去，妻小们都会饿死，禅师！请您帮助我们！"

荣西禅师听后，颇为同情，但是身边既无钱财，又无食物，如何帮助呢？想着，想着，不得已只好拿出准备替佛像涂装用的金箔对乞者说道："把这些金箔拿去换钱应急吧！"

当时，座下的许多弟子都以一种惊讶的表情，看着荣西禅师的决定，不满的情绪挂在脸上，并且抗议道："老师！那些金箔是替佛像装金的，您怎么可以轻易地送给别人？"

荣西禅师非常和悦地对弟子说道："也许你们会对我的做法无法理解，可是我实在是为尊敬佛陀才这样做的。"

弟子们听不懂老师的话，仍愤愤地说道："老师！您是为了尊敬佛陀才这么做的，那么我们将佛陀圣像变卖以后，将钱用来布施，这种不重信仰也是尊敬佛陀吗？"

荣西禅师道："我重视信仰，我也尊敬佛陀，即使会下地狱，我也要为佛陀这么做！"

弟子们不服，口中喃喃说道："把佛陀圣像的金箔送人，这是尊敬佛陀？"

荣西禅师终于大声斥责弟子们道："佛陀修道，割肉喂鹰，舍身饲虎，在所不惜，佛陀是怎么对待众生的？你们能认识佛陀吗？"

弟子们到此时才明白荣西禅师的大慈悲，原来他的做法，是真正符合佛心的。

佛陀有三十二相，八十种好的庄严，就是修行慈悲，积聚功德而成的，所谓无缘大慈，同体大悲，只要有益于众生，钱财房舍、田园宅第、身体性命，全可布施，金箔又能算得了什么？荣西禅师的行为，真正奉行了佛陀的慈悲。你不必是他什么亲人，你也不必对他有什么利益，他都施于同体的慈悲。佛陀心中的众生，我们为什么为了金箔，就把他分开呢？

117　不病的体

　　洞山良价禅师，浙江人，俗姓俞，二十一岁受具足戒，曾亲近过南泉、灵祐、云岩等禅师，后因见水影而彻悟。洞山禅师行脚参访的足迹遍历江西、安徽、湖北、湖南各省，最后在江西洞山普利院十年，盛开化门，接引学子不计其数，最为杰出者首推云居道膺禅师与曹山本寂禅师。洞山禅师六十三岁将示寂时，曹山禅师问他道："老师身体有病，是否还有不病之体？"

　　洞山禅师道："有！"

　　曹山禅师再问道："不病之体，是否看得见老师呢？"

　　洞山禅师答道："是我在看他。"

　　曹山禅师不解，问道："不知老师怎么样看他？"

　　洞山禅师坦白说道："当我看时，看不到有病。"

　　这意思是说，色身有病，可看可知；法身无病，就不可看不可知了。

不久，洞山禅师就感到身体不适，便开始洗脸沐浴，披上袈裟，敲钟向大家辞别后，端坐着不再呼吸。学僧们看到这种情形，都忍不住地大哭起来，甚至有人责怪曹山禅师，硬把洞山禅师逼死了。此时洞山禅师突然张开了眼，对哭泣的学僧们说道："夫出家儿，心不依物，是真修行，何有悲恋？"

于是便叫人办"愚痴斋"，学僧们知道斋后便要离别老师，都不愿速办，一直拖了七天，才把斋食办好，洞山禅师和学僧们一起用斋。餐后，对学僧们道："不要吵我，让我清净一点。切记，人要临终时，千万不要哭泣呼号。今后曹山是你们的善知识。"言罢，回到丈室，端坐而逝。

洞山良价禅师晚年在江西洞山弘化大开，曹山本寂禅师在吉水山（曹山）禅徒不下千二百人，想以加强僧徒组织，振作宗风。曹山为洞山的弟子，法统并不长久，洞山的第三代以后，归于云居道膺禅师门下。但曹洞宗，曹山非常重要。

说到生病，色身肉体自然有生老病死，但法身本性就没有生老病死。色身肉体不离法身本性，法身本性，亦不离色身肉体，但如何从色身肉体上悟法身本性呢？参！

118 不给人怀疑

鹤林玄素禅师,俗姓马,时人皆称他为马素,后来的人更模拟马祖道一禅师而称之为"马祖",可见其知名度似乎与马祖相等。

有一屠夫,仰慕鹤林禅师的道德声望,特地准备上好饭食,至诚恳切地邀请鹤林禅师赴宴,鹤林禅师也就非常随缘地前去,致使全寺大众为之哗然。看大家那种不以为然的表情,鹤林禅师泰然道:"佛性平等,贤愚一致,放下屠刀,立地成佛,可度者,吾即度之,这有什么好讶异的呢?"

鹤林禅师说罢,就毫无顾忌地前去接受屠夫的供养,回来后,禅师房门紧闭,不和人讲话,有一学僧几度去敲鹤林禅师的门。

鹤林禅师在房内问道:"谁啊?"

学僧回答道:"老师,是我!"

鹤林禅师应道:"不要说是你,就是佛祖也不能进来。"

学僧不解似的问道:"为什么连佛祖都不能进去呢?"

鹤林禅师答道:"因为这里已无空间给佛祖住宿了。"

学僧问道:"那么,你告诉我什么是祖师西来意,我就不进去好了。"

鹤林禅师用非常慈悲的声音答道:"祖师西来意就是到屠夫家中应供。"

学僧听后,又问道:"这种西来意,难道不怕人怀疑吗?"

鹤林禅师答道:"怀疑的事就是不怀疑,认识的事就是不认识。我这里没有怀疑的人,你要怀疑到别处去怀疑好了,因为我不肯定不怀疑的事务,不怀疑不肯定的事务。"学僧终于有省,在门外顶礼而去。

世间上的一般人,不相信别人,也不相信自己,处处抱持着怀疑的态度,不肯与人为善。屠夫所操的是杀业,他虔诚供养,这确实是佛心,一个证悟禅道的人,怎能不接受佛心呢?

鹤林禅师不准学僧进门,主要就是不给人怀疑,禅者每天找寻祖师西来意,却没有慈悲心,没有方便慧,怎能参禅呢?

119　净秽一如

赵州禅师和徒弟文远谈论佛法时，一位信徒送了一块糕饼供养他们，赵州禅师就对徒弟文远说："这一块饼，我们两人怎么好吃呢？我们来打赌，如果谁能把自己比喻成最脏最贱的东西，谁就赢得这块饼！"

"您是师父，就由您老人家先开始比吧！"文远说。

赵州禅师说："我是一头驴子。"

文远接着说："我是驴子的屁股。"

赵州又说："我是屁股中的粪便。"

文远不甘落后说："我是粪便里的蛆虫。"

赵州禅师无法再比喻下去，反问说："你这蛆虫在粪便中做什么呀？"

文远回答说："我在粪便里避暑乘凉啊！"

我们认为最污秽的地方，而禅师们却能逍遥自在。因为他们有了禅，世界就不一样，所以任何地方都是清净国土。在禅师们心中清净和污秽是一如不二的，"随其心净，则国土净"。如果一个没有禅的人，纵然住在高楼大厦，有冷气地毯、豪华沙发，一样不能安心自在啊！

120　不缺盐酱

　　马祖道一禅师的弟子百丈禅师住大雄山时，马祖派侍者送了三坛酱给他，当百丈禅师收到三坛酱后，立刻鸣钟集众上堂，拈拄杖子指着坛酱，对大众说道："这是老师道一上人送来的盐酱，你们若有人道得即不打破，若全体都不能道得就打破！"一寺学僧大众们面面相觑，无人回答。百丈禅师见大众无语，"砰"的一声，便用拄杖子把三坛酱缸都打破了。

　　侍者从大雄山回到马祖禅师那里，马祖禅师便问道："你把酱送到了吗？"

　　侍者答道："送到了。"

　　马祖禅师再问道："百丈收到我的盐酱以后，有什么表示？说了些什么？"

　　侍者回答道："百丈禅师收到盐酱后，就集合大众上堂，因没有人道得，就用拄杖子把酱缸都打破了。"

马祖听后，哈哈大笑，非常高兴地赞美道："这小子不错！"

后来马祖带了口信给百丈禅师，希望他将修行的近况不时地写信回来报告。百丈禅师在回函上，诚恳地报告说道："老师！谢谢您的关心，自从将酱缸打破以后，三十年来，弟子从来不曾缺少过盐酱。"

马祖道一禅师非常满意，特别再写了八个字送给百丈禅师，此八字为"既不缺少，分些给人"。

后来马祖创了丛林，百丈就立了清规，从此中国供给青年学者参学的禅林就繁衍不绝了。

禅师们彼此来往，也有世俗人情的一面，但他们都有一番含意；盐酱是生活中不可缺的食用东西，将盐酱送给百丈禅师，意即要他照顾生活中的禅道，不可离开了生活而去盲修瞎练。百丈禅师打破了酱坛，意即我们的禅道，什么都不缺，就不用老师烦心了。今日学道的弟子，能像百丈禅师一样，不用人烦心吗？

121　青梅子

耽源禅师有一次提着篮子要往方丈室去的时候，路途中，慧忠国师就叫住他问道："你盛那么多的青梅子做什么用？"

耽源："供养诸佛菩萨用的。"

慧忠："那么青的梅子，尚未长熟，吃的时候又酸又涩，怎能供养呢？"

耽源："所谓供养者，用以表示诚意耳。"

慧忠："诸佛菩萨是不接受如此酸涩的诚意，我看，你还是供养你自己吧！"

耽源："我现在就已经在供养，心、佛、众生三无差别，何必那么计较？国师你呢？"

慧忠："我不如此供养，我非常认真计较，我要等梅子熟了才肯供养！"

耽源:"国师的梅子什么时候才熟呢?"

慧忠:"其实我的梅子早就熟了。"

耽源:"既然早就熟了,国师为什么不供养?"

慧忠:"因我喜爱梅子,留着它,不随便给人。"

耽源:"国师何必这么悭贪?好的东西,如果有慈悲心的人,愿意与人分享。"

慧忠:"我不知道什么才是好东西。"

耽源:"就是青梅子。"

慧忠:"如果好的东西是青梅子,更应该要好好珍惜它,不能随便给人。"

耽源:"说不过你,你太吝啬了。"

慧忠:"吝啬的应该是你,可不是我呀!"耽源无语而应。

慧忠:"青梅子还是留着自己用,不能随便给人,那才是慈悲呀!"耽源于言下大悟。

梅子,是一种水果的名称,梅子没有成熟,所以称它青梅子。耽源用没有成熟的梅子作为供品,慧忠自然就给他一些意见。梅子,在这里是象征着佛性。梅子未熟,酸涩无比,但梅子一熟,又甜美无比。如佛性在缠(烦恼),就如青梅子,佛性离缠,那酸涩就是甜美,此所谓烦恼即菩提也。慧忠国师的意思,青梅子要好好珍惜,不要急于给人,对自己也要慈悲。

　　禅者,见性成佛才是最大的目的,慧忠国师的示意,耽源终于大悟也。

122　咸淡有味

由艺术家入佛的弘一大师，把佛道修行和艺术生活集合起来，更见出他的人生境界。有一天，名教育家夏丏尊先生前来拜访，吃饭时，只见他吃一道咸菜，夏先生不忍心地说："难道你不嫌这咸菜太咸了吗？"

弘一大师回答说："咸有咸的味道。"

过一会儿，弘一大师吃好后，手里端着一杯开水，夏先生又皱皱眉头道："没有茶叶吗？怎么每天都喝这平淡的开水？"

弘一大师又笑一笑说："开水虽淡，但淡也有淡的味道。"

弘一大师的"咸有咸的味道，淡有淡的味道"，这是一句多么富有佛法禅味的话啊！弘一大师把佛法应用在他的日常生活中，他的人生，无处不是味道。一条毛巾用了三年,已经破了,他说还可以再用;住在小旅馆里臭虫爬来爬去,访客嫌恶,他说只有几只而已。可说真正体会了"随遇而安"的生活。

123　师家掇槌

　　滴水禅师年轻时,初参仪山禅师,因仪山的家风森严而绵密,不轻易用方便接人。对游方云水的禅者,常以住众已满而不接受行脚僧的挂单。但滴水禅师并不因仪山禅师的拒绝而退转,他蹲踞在门口三天,虽然雨水打湿身体,他也如如不动。到第七天,门头始允许入内拜见仪山禅师。

　　在仪山禅师座下苦参的滴水,有一次请示道:"无字与般若有何分别?"

　　"你这个傲慢的小辈!"吼声中,仪山一拳打去,并且将滴水赶出法堂。懊恼异常的滴水,回到僧堂,那关门的声音冲击到耳朵,豁然开悟,再而入室,报告无字与般若皆在一吼之声中,得到仪山禅师的印可。

　　有一次,仪山禅师入浴,因水太热,遣人加冷水,滴水匆匆地提了一桶冷水来加，便顺手将剩下的水倒掉，仪山禅师不悦地指责道："因地修行，阴德第一，你怎么如此不惜福？虽是一滴水，给树，树也欢喜；给草，草也欢喜；水也不失其价值，为什么如此不惜物呢？"这个训诫使滴水铭刻于心，遂将自己的法名改为"滴水"。

又有一次，滴水用白纸拭鼻涕时，仪山禅师很不客气地喝道："你的鼻子就这么尊贵？清净的白纸，得之不易，你实是损德的法贼，修什么行呢？"

滴水禅师由于承袭了仪山禅师严峻的家风，故后来在接待学人时，也非常严格，有时甚至会揍人，很多学僧都受不了他这种禅风而打退堂鼓，只有学僧中的峨山禅师坚持下去，并说："僧有三种，下等僧利用师家的影响，中等僧欣赏师家的慈悲，上等僧在师家的搦槌下日益强壮。"

滴水禅师是上等僧，因为他能在搦槌下日益强壮，所谓佛门法器者也。而今日青年，师教稍严，则立即他去；待遇不足，则借故他求；如此心态，焉能成才？

峨山禅师将僧分成三等，即下等僧，能运用师门影响，再加以发扬光大，已不多见，何况中上等僧？故吾人不得不为滴水禅师所谓师资相契，师严道尊而赞也。

124　断指求法

唐代仰山慧寂禅师，广州人，俗姓叶。九岁时，父母便送他到广州和安寺出家，到了十六岁，父母又后悔，不该送他出家，故又想尽方法，把他接回家来，令他还俗，准备完婚。慧寂知道后，大惊，着急地问道："这是为什么呢？"

慧寂的父亲回答道："从前我和你母亲之所以要送你到寺院里出家，是因为有一个算命先生说你命中犯凶煞，如果不投入僧门，求菩萨的庇护，便无法抚养长大。现在你已经度过了厄运，可以还俗，继承叶家香火。我与你母亲已为你安排好一门美满姻缘，你又何必执意回到寺里过清苦的生活呢？"

慧寂听后，不觉悲痛万分，一方面觉得父母用心良苦，恩情深重；另一方面又觉得双亲在利用佛门，以保全儿子身命。如今厄运一过，就要立刻背弃佛门，这种伪善伪信、自私自利的行为，实在罪过。

想来想去，慧寂决心不造孽缘，不能顺着父母心愿成婚，可是又知道语言上的争执是没有用的，于是就趁家人不注意时，将自己左手的无名指和小指，一刀斩断，鲜血淋漓地盛在盘里，捧着去见双亲，长跪不起地请求道："孩儿已身入佛门，为正信弟子，此生誓愿求取无上正等正觉，双亲大恩大德，孩儿应当时时祈愿回向，却决不再还俗成家。今断二指以示决心，请双亲成全我的愿心！"

做父母的看到慧寂盘里血渍斑斑的两截断指，知道其意志坚决再难更改，只好让慧寂返回佛门。

后来，慧寂十八岁时，到江西吉州拜访耽源禅师，传授圆相九十六种；二十一岁，参访灵祐禅师，侍从十五年；三十五岁后，领众出世，成为沩山灵祐座下的大弟子，创立中国禅宗里"沩仰宗"一派；七十三岁时示寂，大家都尊称他为"小释迦"。

中国人对出家为僧，一直没有正确的认识，有的人认为出家生活清苦，有的人认为必定受什么刺激，才会看破红尘。殊不知"出家乃大丈夫之事，非将相所能为"，如顺治皇帝说："黄金白玉非为贵，唯有袈裟披肩难。"仰山慧寂禅师若无大心大愿，不能入佛门为僧，怎能成为一代宗师乎？

125　责骂与慈悲

黄龙慧南禅师在庐山归宗寺参禅的时候，坐必跏趺，行必直视。后来云游至泐潭澄禅师道场时，泐潭就令他分座接引，指导禅法，这时他的声誉已经名闻诸方了。

云峰悦禅师见到他，就赞叹道："你虽有超人的智慧，可惜你没有遇到明师的锻炼！泐潭澄公虽是云门禅师的法嗣，但是他的禅法与云门禅师并不相同。"

黄龙禅师听后，不以为然，问道："为什么不同？"

云峰禅师回答道："云门如同九转丹砂，能够点铁成金；澄公如同药物汞银，只可以供人赏玩，再加锻炼就会流失。"黄龙听后愤怒异常，从此不再睬云峰。

第二天，云峰向黄龙道歉，再对他说道："云门的气度如同帝王，所谓君叫臣死，不得不死，你愿意死在他的语句下吗？泐潭澄公虽有法则教人，但那是一种死的法则，死的法则能活得了人吗？石霜慈明禅师的手段超越现代所有的人，你应该去看看他！"

后来，黄龙在衡岳福岩寺参访慈明禅师，慈明禅师道："你已经是有名的禅师了，如果有疑问，可以坐下来研究。"黄龙因此更是真诚地哀恳。

慈明禅师说道："你学云门禅，必定了解他的禅旨，例如：放洞山顿棒，是有吃棒的份儿，或是无吃棒的份儿？"

黄龙答道："有吃棒的份儿。"

慈明禅师很庄重地说道："从早到晚，鹊噪鸦鸣，都应该吃棒了！"

于是慈明禅师端正地坐着，接受黄龙的礼拜。然后又问道："假如你能会取云门意旨，那么，赵州说'台山婆子，我为汝勘破了也！'哪里是他勘破婆子的地方？"

黄龙被问得冷汗直流，不能回答。第二天，黄龙又去参谒，这次慈明禅师不再客气，一见面就是指骂不已，黄龙问道："难道责骂就是我师慈悲的教法吗？"

慈明禅师反问道："你认为这是责骂？"黄龙在言下忽然大悟，就作了一首偈：

> 杰出丛林是赵州，老婆勘破没来由；
> 而今四海明如镜，行人莫与路为仇。

在受苦的时候，感到快乐；在委屈的时候，觉得公平；在忙碌的时候，仍然安闲；在受责的时候，知道慈悲，那就是体会出真正的禅心了！

126　去了依赖性

　　德山宣鉴禅师,四川剑南人氏,参龙潭崇信禅师悟道。德山禅师初到龙潭的时候,因为受点心婆子的教训,似乎牢骚满腹,在山门外大声叫道:"说什么圣地龙潭,既不见龙,又不见潭!"
　　崇信禅师在山门内应道:"你已到了龙潭!"
　　德山禅师闻此应声,有所契悟。从此,德山禅师随侍龙潭崇信禅师参禅。
　　一日夜晚,德山禅师站在崇信禅师身旁,久久不去,龙潭禅师说道:"时间已经不早,你怎么不回去休息?"
　　德山禅师向门外走了几步,回头说道:"外面天黑!"
　　龙潭禅师点了纸烛给德山禅师,德山禅师正想用手去接,龙潭禅师一口气又把纸烛吹灭,德山禅师于此大悟,立刻拜在龙潭禅师座下,良久不起,龙潭禅师便问道:"现在一片漆黑,你见到了什么?"

德山禅师说道:"弟子心光已亮,从此不再疑天下老和尚的舌头了。"

德山禅师悟道后,侍奉龙潭禅师三十余年,八十四岁圆寂!

德山禅师因不同意禅门顿悟的说法,特地担了他的《金刚经》注解,到南方挑战,刚到南方,给点心婆子一番教训,指示他参访龙潭禅师。德山禅师未能服膺顿悟的禅道,总因众生一向对自我的自信不够、肯定不够,而总希望诸圣加被,渐渐觉悟。他以为不见龙不见潭,但崇信禅师告诉他,已到了龙潭,这便是给他一个当下即是的感受。崇信禅师又把烛光吹熄,这也说明了不可依赖别人,一切要靠自己,德山禅师终于顿悟,即刻表明心迹,依赖性一除,所谓心灯亮了。

127　卧如来

赵州从谂禅师,山东人,十八岁时到河南初参南泉普愿禅师时,因为年轻,南泉禅师正躺着休息,就没有起身,看见赵州时就仍睡着问道:"你从哪里来?"

赵州:"从瑞相院来。"

南泉:"见到瑞相了吗?"

赵州:"不见瑞相,只见卧如来。"

南泉禅师于是坐起来,对赵州颇为欣赏,问道:"你是有主沙弥,还是无主沙弥?"

赵州:"我是有主沙弥。"

南泉:"谁是你的师父呢?"

此时,赵州恭敬地顶礼三拜后,走到南泉的身边,非常关怀地说道:"冬腊严寒,请师父保重!"

于是南泉禅师非常器重他,因赵州是以行动来代替语言。从此，师徒相契，佛道相投，赵州成为南泉禅师的入室弟子。

有一天，赵州禅师请示南泉禅师一个问题："什么是道？"

南泉："平常心是道。"

赵州："除了平常心之外，佛法无边，另外还有否更高层次的趣向呢？"

南泉："如果心中还存有什么趣向，就有了那边，没有这边；就会顾了前面，忘了后面，因此，所谓全面，被扭曲了的东西，怎会是圆融无碍的道呢？"

赵州："如果佛法没有一个趣向，回顾茫茫，我怎么知道那就是'道'呢？"

南泉："道不属知，不属不知；知是妄觉，不知是无记。若欲真正达到不疑之'道'，你应当下体悟，'道'犹如太虚，廓然荡豁，岂可强是说非耶？"

赵州禅师自小就聪明颖慧，出言吐语，自有禅味，一句"不见瑞相，只见卧如来"，赢得了南泉普愿禅师的欣赏；及至问他是有主的沙弥，还是无主的沙弥，他不用一般的语言回答，他用行动表示，顶礼、侍立，这不就是无言说的禅风吗？赵州禅师的禅，重在自我肯定，自然随缘，所谓从平常心流露，不做雕塑，自有一番禅心慧解！

128　天生暴躁

盘珪禅师说法时，不仅浅显易懂，也常在结束之前，让信徒发问，并当场解说，因此不远千里慕道而来的信徒很多。

有一天，一位信徒请示盘珪禅师说："我天生暴躁，不知要如何改正？"

盘珪："是怎么一个'天生'法？你把它拿出来给我看，我帮你改掉。"

信徒："不！现在没有，一碰到事情，那'天生'的性急暴躁才会跑出来。"

盘珪："如果现在没有，只是在某种偶发的情况下才会出现，那么就是你和别人争执时，自己造就出来的，现在你却把它说成是天生，将过错推给父母，实在是太不公平了。"

信徒经此开示，会意过来，再也不轻易地发脾气了。

天生的，世间上没有天生的东西，大自然因缘聚合会生森罗万象，吾人的本性上包含了善恶诸法，所谓"心生则种种法生，心灭则种种法灭"。任何人只要有心，没有什么改不了的恶习。

129　洗碗扫地

有一初学青年，请教赵州禅师道："我是刚入门的求道者，诚恳地请求老师给予一些特别的指教。"

赵州道："你吃过早饭没有？"

"谢谢！用过了！"

"那么，去把自己的食器洗干净吧！"

"洗干净了。"

"请将地清扫一下吧！"

初学青年终于非常不满意地道："难道洗碗扫地以外，老师就没有别的禅法教我吗？"

赵州禅师也很不客气地说道："我不知道除洗碗扫地以外，还有什么禅法？"

禅，离开不了生活，穿衣吃饭是禅，搬柴运水也是禅，一个人不把生活照顾好，禅安住在什么地方呢？

碗不洗,地不扫,生活问题都解决不了,生死怎么能解脱呢?

有诗云:

粥罢令教洗钵盂,豁然心地自相符;
而今参饱丛林客,且道其间有悟无?

130　荣枯一如

药山禅师在庭院里打坐,身旁坐了两位弟子,一位叫云岩,一位叫道吾,他忽然指着院子里一枯一荣的两棵树,先对道吾问道:"那两棵树,是枯的好呢,还是荣的好呢?"

道吾回答道:"荣的好。"

药山再问云岩:"枯的好呢?荣的好呢?"

云岩答道:"枯的好!"

这时,正好一位姓高的侍者经过,药山又以同样的问题问他:"枯的好呢?荣的好呢?"

侍者回答道:"枯者由他枯,荣者任他荣。"

同一个问题有三种不同的答案,"荣的好",这表示一个人的性格热忱、进取;"枯的好",这表示清净、淡泊;"枯者由他枯,荣者任他荣",这是顺应自然,各有因缘。所以有诗曰：

云岩寂寂无窠臼，灿烂宗风是道吾；
深信高禅知此意，闲行闲坐任荣枯。

131　不曾空过

仰山禅师出外度过一个暑假后,回来看望他的师父沩山禅师,沩山禅师便问道:"一个暑假不见,你在那边做了些什么?"

仰山回答道:"我耕了一块地,播了一篮种子。"

沩山赞美说:"这样看来,你这个暑假未曾闲过。"

仰山用同样的话问沩山道:"这个暑假,老师做了些什么?"

沩山毫不犹豫地说:"白天吃饭,晚上睡觉。"

仰山听后,也同样地赞美师父道:"那么老师,这个暑假也未曾白白空过!"

禅者非常重视自力更生的生活,所谓自食其力,如百丈禅师的"一日不作,一日不食",务农的叫农禅,做工的叫工禅,也就是"搬柴运水,无非是禅"。仰山的耕种是参禅,沩山的吃睡,也是参禅。一个人如果吃饭吃得自在,睡觉睡得安然,这不就是禅吗?

132 茶道

一休禅师的弟子珠光,一向有打盹的习惯,致使在公共场合里常常失态,为此他非常苦恼,便前去请教医生,医生劝珠光应多喝茶;珠光听从医生的指示,而后果真不再打盹了。因此,他逐渐喜欢喝茶,且认为喝茶时也应具备礼节,于是创立了"茶道",而有茶祖之誉。

完成"茶道"之后,一休禅师就问道:"珠光!你是以何种心态在喝茶呢?"

珠光答道:"为健康而喝茶。"

于是,一休禅师便给他"赵州吃茶去"的公案:"有学僧请示赵州禅师以佛法大意,赵州答道:'吃茶去!'你对这件事有何看法呢?"珠光默然。

于是一休禅师叫侍者送来一碗茶,当珠光捧在手上时,一休禅师大喝一声,并将他手上的茶碗打落在地,然而珠光依然一动也不动;过了一会儿,珠光向一休禅师道过了谢,便起座走向玄关。一休禅师叫道:"珠光!"

珠光回头道:"弟子在!"

一休禅师问道:"茶碗已打落在地,你还有茶喝吗?"

珠光两手做捧碗状,说道:"弟子仍在喝茶。"

一休禅师不肯罢休,追问道:"你已经准备离此他去,怎可说还在吃茶?"

珠光诚恳地说道:"弟子到那边吃茶。"

一休禅师再问道:"我刚才问你喝茶的心得,你只懂得这边喝,那边喝,可是全无心得,这种无心喝茶,将是如何?"

珠光沉静地答道:"无心之茶,柳绿花红。"

于是,一休禅师大喜,便授予印可,珠光完成了新的茶道。

在日本所流行的茶道、剑道、拳道、书道、花道等,都与佛教有密切的关系,"赵州茶",在中国禅学史上是有名的公案。喝茶,要喝清凉之茶、平和之茶、禅味之茶、无心之茶。所谓无心之茶的里面,包罗万象,柳绿花红,另有一番世界,《般若心经》云:"以无所得故,菩提萨埵。"此之谓也。

编按：此一百三十二则禅话系节录佛光出版社印行的《星云禅话》一至四集，挑选具有人间性、生活性、趣味性、启发性的篇章，以飨读者。

出版后记

星云大师说:"我童年出家的栖霞寺里面,有一座庄严的藏经楼,楼上收藏佛经,楼下是法堂,平常如同圣地一般,戒备森严,不准亲近一步。后来好不容易有机缘进到藏经楼,见到那些经书,大都是木刻本,既没有分段也没有标点,有如天书,当然我是看不懂的。"大师忧心《大藏经》卷帙浩繁,又藏于深山宝刹,平常百姓只能望藏兴叹;藏海无边,文辞古朴,亦让人望文却步。在大师倡导主持下,集合两岸近百位学者,经五年之努力,终于编修了这部多层次、多角度、全面反映佛教文化的白话精华大藏经——《中国佛教经典宝藏》,将佛教深睿的奥义妙法通俗地再现今世,为现代人提供学佛求法的方便途径。

完整地引进《中国佛教经典宝藏》是我们的夙愿,

三年来，我们组织了简体字版的编审委员会，编订了详细精当的《编辑手册》，吸收了近二十年来佛学研究的新成果，对整套丛书重新编审编校。需要说明的是此次出版将丛书名更改为《中国佛学经典宝藏》。

　　佛曰：一旦起心动念，也就有了因果。三年的不懈努力，终于功德圆满。一百三十二册，精校精勘，美轮美奂。翰墨书香，融入经藏智慧；典雅庄严，裹沁着玄妙法门。我们相信，大师与经藏的智慧一定能普应于世，济助众生。

东方出版社